本書の構成と特色

1年間で無理なく英文法の基本項目が学習できる23レッスン構成

◆本書は参考書『ズーム総合英語』の ***Basic*** 編で取り扱われている項目で構成されています。高校の英文法でこれだけは押さえておきたい事項を厳選して23レッスンに収録しており，1年間で無理なく英文法の基本項目とその要点を学習することができます。

英語の基本を復習する導入ページ

◆巻頭の「英語のしくみ」では，英語学習の基本となる英語の語順，文のつくり，品詞について確認することができます。
◆4箇所に設けた **Get Ready** では，中学校で学んだ基本的で重要な事項をわかりやすくまとめ，後続のレッスンの学習への導入が円滑になるようにしています。

参考書と一致した，コミュニカティブな例文

◆左ページの例文は『ズーム総合英語』の例文と一致させ，予習・復習が進めやすいようにしています。
◆例文は覚えやすく平易であること，身近で新しい話題であること，実際に使えるコミュニカティブなものであることをめざしました。

図表を活用した理解しやすい説明

◆左ページの解説では，できるだけ図表の形式を取り入れて，見やすく理解しやすい記述をしています。
◆例文中や解説中に色分けを用いて，文の組み立てや留意点をつかみやすくしています。

取り組みやすい練習問題

◆右ページの「EXERCISES」の各問は左ページの解説と対応しており，学習した内容をすぐに確認することができます。各問の後ろに左ページの「A」「B」などの項目の記号を付記しています。
◆問題は，取り組みやすい平易なものを集めています。

発展学習にも対応できる Optional Lesson

◆*Optional* **Lesson** を5つ設けており，授業時間数などに応じて発展的な学習や復習整理にも使えます。

充実した巻末付録

◆「ターゲット例文集」では例文を部分作文する問題を設け，例文の理解度を確認できるようにしました。
◆学習の便に配慮して，「APPENDIX」に動詞の変化などの資料を掲載しました。また，後見返しには動詞の不規則変化一覧を掲載しました。

例文定着のための別冊付録

◆別冊の「例文ワークノート」では，各課の例文を使ったドリル形式の問題を通して，例文の定着を図ります。

もくじ

CONTENTS

APPENDIX

英語のしくみ

（参 p.14-19）

1 日本語と英語で異なる文の構造（語順）

● 日本語では，「私は彼を知っています。」という内容を，「私は知っています，彼を。」，「知っています，私は彼を。」などと表現することができますが，英語では，

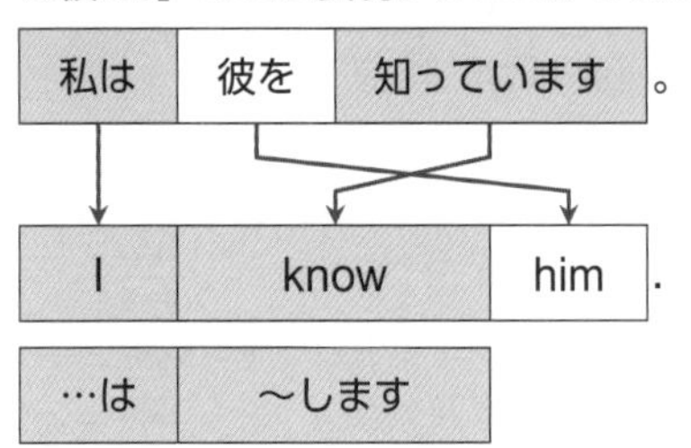

という語順が決まっています。I（私は）という主語の後ろに，know（知っている）という動詞が続きます。

● 「私は高校生です。」という内容も，日本語では「高校生です，私は。」などと表現することができますが，英語では語順が決まっていて，

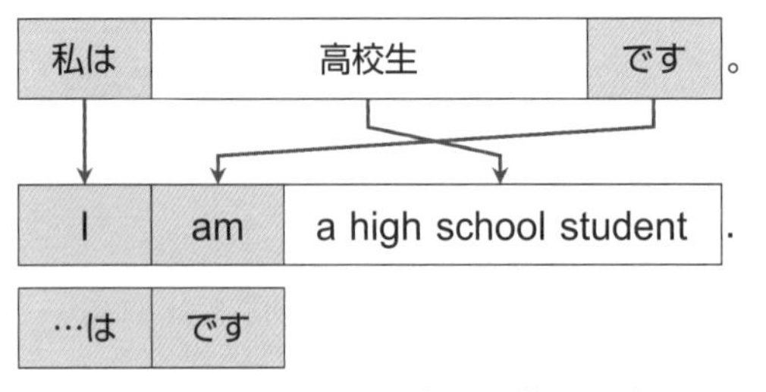

となります。I（私は）という主語の後ろに続く am（です）を，とくに be-動詞といいます。

● 「…は～です」という文の場合，主語によって be-動詞を使い分けます。

● 「…は～します」という文の，「～します」に当たる動詞を一般動詞といいます。主語が 3 人称・単数（「私」でも「あなた」でもない 1 人の人［1 つのもの］）のときには，動詞に -s をつけます。

I	play	tennis every day.	（私は毎日テニスをします。）
We	have	lunch in the classroom.	（私たちは教室で昼食を食べます。）
Naoko	comes	to school by bike.	（ナオコは自転車で通学します。）

? 3 人称・単数とは？

2 「主語＋動詞」に続くもの

- 「主語（…は）＋動詞（～します）」の後に「だれを，何を」に当たる語が続き，その後に「どんなふうに，いつ，どこで」などの「＋α」が続きます。「だれを，何を」に当たる語を目的語といいます。

- 「主語（…は）＋動詞（～します）」の後に「だれを，何を」に当たる語がない場合もあります。

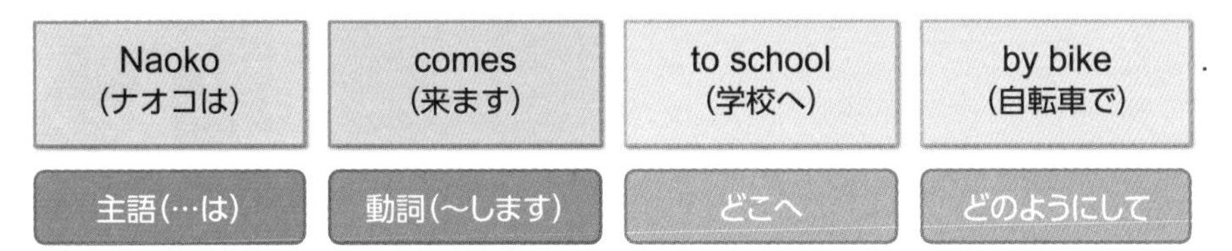

- 「主語（…は）＋be-動詞（です）」の後に続いて，「…は～です」と主語を説明する「～」に当たる語を補語といいます。

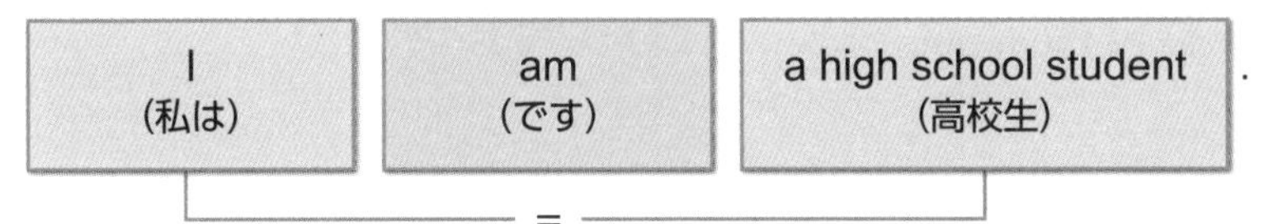

3 品詞

- 英文を構成する単語は，それぞれの働きによって主に次の７つの品詞に分類されます。

名 名詞	人や事物の名前を表す。	Naoko comes to school by bike .
代 代名詞	名詞の代わりに用いられる。	Naoko knows Makoto.（ナオコはマコトを知っています。） She knows him .（彼女は彼を知っています。）
動 動詞	主語の後に続いて，「～します」や「～です」を表す。	I play tennis every day. I am a high school student.
形 形容詞	名詞を修飾したり，主語を説明したりする。	a happy girl（幸せな女の子）
副 副詞	主として動詞を修飾する。	Listen to me carefully .（注意して聞きなさい。）
前 前置詞	名詞や代名詞の前に置かれて，ひとまとまりの意味を表す。	Naoko comes to school by bike.
接 接続詞	語と語，句と句，文と文を結びつける。	two brothers — three cousins I have two brothers and three cousins. （私には兄弟が２人，いとこが３人います。）

Get Ready 1 「…は～です」と「…は～します」

A 「…は～です」

語順に注意

「…は」に当たる主語(I，We)のすぐ後に，「です」に当たる動詞(am，are)を続けます。

CHECK 1 （　）内の語句を並べかえて，文を完成させなさい。

1. (a member / am / I) of the tennis club.

2. (are / members / we) of the tennis club.

B am，are，is の使い分け

❶	I	am	a new student.	(私は新入生です。)
❷	You	are	a new student.	(あなたは新入生です。)
❸	He	is	a teacher.	(彼は先生です。)
❹	They	are	teachers.	(彼らは先生です。)

主語に注意

	1人[1つ]なら		2人[2つ]以上なら	
自分について	I	am	We	are
相手について	You	are	You	are
それ以外の「人」や「物」について	He / She / It	is	They	are

CHECK 2 （　）内に，am，are，is から適語を選んで補いなさい。

1. I (　　　　　) your classmate.　　2. You (　　　　　) my friend.
3. She (　　　　　) our teacher.　　4. They (　　　　　) our teachers.

C 「…は～します」

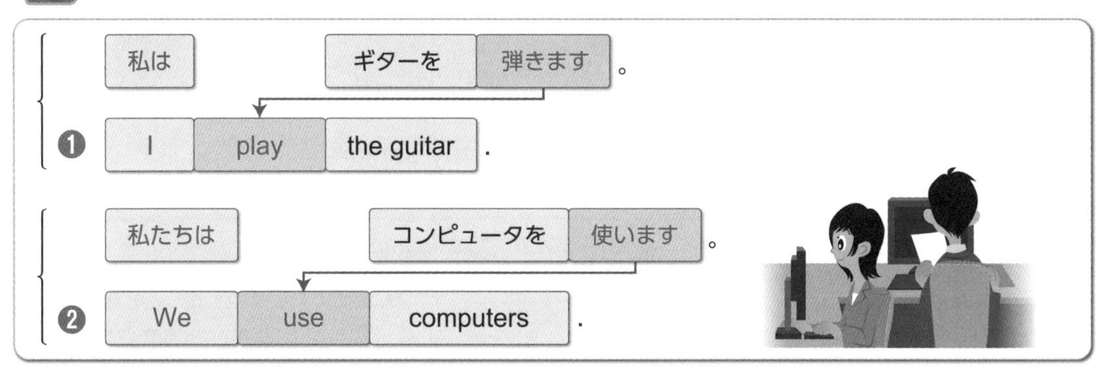

主語＋動詞

主語のすぐ後に，「弾きます」や「使います」に当たる動詞(play，use)を続けます。

CHECK 3 （　　）内の語を並べかえて，文を完成させなさい。

1．(I / television / watch) every evening.

....

2．(play / tennis / we) after school.

....

D 動詞＋-s

❶	He	plays	the guitar.	（彼はギターを弾きます。）
❷	She	uses	a computer.	（彼女はコンピュータを使います。）
❸	They	use	computers.	（彼らはコンピュータを使います。）

主語に注意

主語が自分(I)や相手(you)以外で，しかも1人[1つ]のときは，動詞に -s をつけます。主語が2人[2つ]以上のときは，動詞はそのままです。

	1人[1つ]なら		2人[2つ]以上なら	
自分について	I	play	We	play
相手について	You	play	You	play
それ以外の「人」や「物」について	He / She / It	play**s**	They	play

CHECK 4 （　　）内から適切なほうを選びなさい。

1．You (speak / speaks) English very well.
2．He (come / comes) to school by bus.
3．She (walk / walks) to school.
4．They (live / lives) in New York.

Lesson 1 いろいろな文 (1)

☑be-動詞と一般動詞の肯定文・否定文・疑問文を理解し，書けるようになろう。

A be-動詞の文（肯定文 / 否定文）

参 p.24-26

❶ I **am** a good tennis player. 私はテニスが得意です。 ▶1.

❷ They **are not** my classmates. They **are** my seniors. ▶6.
彼らは私のクラスメートではありません。上級生です。

	主語（…は）	be-動詞（です / でした）	～
❶	I	am / was	～
	You / We / They	are / were	～
	He / She / It	is / was	～

確認！
❷ **否定文**：be-動詞の後に not を入れる。
They are ↑ my classmates.
not

B 一般動詞の文（肯定文 / 否定文）

参 p.27-29

❸ I **come** to school by train. 私は電車で通学しています。 ▶8.

❹ My sister **plays** the piano very well. 私の姉はピアノがとても上手です。 ▶9.

❺ My sister **is** a soccer fan, but she **does not play** soccer. ▶14.
姉はサッカーファンですが，サッカーはしません。

❻ I **telephoned** John, but I **did not telephone** Mary. ▶15.
私はジョンに電話をかけましたが，メアリーにはかけませんでした。

	主語（…は）	一般動詞（～します）
❸	I / You / We / They	come / play
❹	He / She / It	comes / plays

❻ **過去形（～しました）**

	否定文			
	I	do not	come	...
❺	She	does not	play	...
❻	I	did not	telephone	...

確認！
現在形の肯定文：主語が 3 人称・単数のときは，動詞に -s, -es をつける。（➡ p.76）
過去形の肯定文：動詞に -ed をつける。特別な形に変化するものもある。（➡ p.76, 後見返し）

C 疑問文

参 p.30-31

❼ **Are you** an exchange student ? あなたは交換留学生ですか。 ▶16.

❽ **Do you like** our school? あなたは私たちの学校を気に入っていますか。 ▶19.

❼ **be-動詞の疑問文**：be-動詞を主語の前に出す。

❽ **一般動詞の疑問文**：

Do	you	like	...?
Does	she	play	...?
Did	you	telephone	...?

確認！ 否定文・疑問文で does や did を使うと，play や telephone などの動詞の原形が続くことに注意。

EXERCISES

1 日本語の意味を表すように，空所に１語を補って be-動詞の文を作りなさい。 A

1. ジミーは高校生です。
   Jimmy (　　　　　) a high school student.
2. 鈴木さんご夫妻は教師です。
   Mr. and Mrs. Suzuki (　　　　　) teachers.
3. 私はおなかがすいていません。
   I (　　　　　) (　　　　　) hungry.
4. 私は疲れていました。
   I (　　　　　) tired.
5. 昨日はその店は開いていませんでした。
   The shops (　　　　　) (　　　　　) open yesterday.

2 次の各文を指示に従って書きかえなさい。 B

1. I use a computer.（I を My mother に変えて）

   ----
2. She goes to school by bus.（否定文に）

   ----
3. They enjoy their vacation every year.（every year を last year に変えて）

   ----
4. My father goes to work by car every day.（every day を yesterday に変えて）

   ----
5. John played soccer after school.（否定文に）

   ----

3 次の各文を疑問文に書きかえなさい。 C

1. Mary is from America.

   ----
2. You have a pet dog.

   ----
3. Emi plays the violin very well.

   ----
4. He enjoyed the school trip.

Lesson 2 いろいろな文 (2)

☑疑問詞疑問文，付加疑問文，命令文，感嘆文を使って表現できるようになろう。

A 疑問詞で始まる疑問文

参 p.32-34

❶ **Who** telephoned Ann? —— **Tom** did. ▶22.
だれがアンに電話したのですか。——トムです。

❷ **What** is your favorite subject? —— It's **science**. ▶23.
好きな科目は何ですか。——理科です。

❶ 疑問詞が主語：

疑問詞 (S)	V	...

?

What happened? 何が起こったのですか。

❷ 疑問詞が主語以外：

疑問詞	疑問文の語順	...

?

You can have tea or coffee. Which do you want?
紅茶かコーヒーが飲めます。どちらがほしいですか。

確認！ 疑問詞
who (だれ) / what (何) / which (どちら，どれ) / when (いつ) / where (どこ) / why (なぜ) / how (どのように，どのくらい…か)

B 付加疑問文

参 p.36-37

❸ Mary is your classmate, **isn't she**? —— **Yes**, she is. ▶29.
メアリーはあなたのクラスメートでしょう。——はい，そうです。

❹ You don't like cheese, **do you**? —— **No**, I don't. ▶30.
あなたはチーズが好きではないのですね。——はい，好きではありません。

❸

肯定文,	否定の疑問形？

not は短縮形に，主語は代名詞になる。

❹

否定文,	肯定の疑問形？

Yes / No の使い分けに注意。

確認！
自分の答えが
肯定 (I like cheese.) なら，
……Yes, I do. いいえ，好きです。
否定 (I don't like cheese.) なら，
……No, I don't. はい，好きではありません。

C 命令文・感嘆文

参 p.40-41

❺ **Repeat** your name slowly. あなたの名前をゆっくりともう一度言ってください。 ▶34.
❻ **Don't worry**. I can help you. 心配するなよ。ぼくが手伝ってあげるから。 ▶35.
❼ **How beautiful** her voice is! 彼女の声はなんてきれいなのでしょう。 ▶37.

❺「～しなさい」「～してください」という「命令・依頼」は，動詞の原形で始まる命令文で表せる。

❻「～するな」という「禁止」は，動詞の原形の前に Don't をつける。

❼「なんて…なのだろう」という驚きや感動の気持ちを感嘆文で表す。
How＋形容詞 [副詞] (＋主語＋動詞)！
What (a [an]) (＋形容詞) ＋名詞 (＋主語＋動詞)！

確認！ 命令文に please をつけて口調を和らげることも多い。

EXERCISES

1 斜字体の語句が答えの中心となる疑問文に書きかえなさい。 A

1. *Tom* broke the window.

2. He wants *a new bike.*

3. Ann came to Japan *three years ago.*

4. Their uncle lives *in Canada.*

5. He was absent from school *because he had a cold.*

2 空所に適語を補って，次の付加疑問の対話文を完成させなさい。 B

1. *A:* Ms. Young is busy now, (　　　) (　　　)?
   B: (　　　), she is.
2. *A:* Your aunt works for this office, (　　　) (　　　)?
   B: (　　　), she does.
3. *A:* You don't know the answer, (　　　) (　　　)?
   B: (　　　), I don't.
4. *A:* You aren't afraid of dogs, (　　　) (　　　)?
   B: (　　　), I am.

3 次の各文を指示に従って書きかえなさい。 C

1. You don't do your homework before dinner. （肯定の命令文に）

2. You aren't kind to animals. （肯定の命令文に）

3. You speak so loudly. （否定の命令文に）

4. Bill runs very fast. （how で始まる感嘆文に）

5. This is a very expensive book. （what で始まる感嘆文に）

Lesson 3 文の型 (1)

☑第 1 ～ 3 文型の構造や特徴を理解し，使い分けられるようになろう。

A 第 1 文型 (S+V)

参 p.51

❶ Our **school starts** at 8:30.　私たちの学校は 8 時半に始まります。 ▶44.

❷ Many **people** in our town **work** in the factory. ▶46.
私たちの町の多くの人々はその工場で働いています。

S+V：「S は V する」

	S	V	
❶	Our school	starts at 8:30	.
❷	Many people in our town	work in the factory	.

前置詞＋名詞：まとまって 1 つの形容詞や副詞の働きをする。

B 第 2 文型 (S+V+C)

参 p.52-53

❸ Rose **is** my pet **dog**.　She **is** very **cute**. ▶47.
ローズは私の飼っている犬です。彼女はとてもかわいいです。

❹ I sometimes **get** very **hungry** in the morning. ▶49.
私はときどき午前中にとてもおなかがすきます。

S+V+C：「S は C である [C になる]」
S+V の後に「S=C」の関係となる C (補語) を必要とする。C は，主として名詞か形容詞。

	S	V	C	
❸	Rose	is	my pet dog	.
	She	is	very cute	.
❹	I	get	very hungry	.

第 2 文型に用いられる主な動詞
外見：appear, look, seem
(不変化の) 状態：keep, stay, remain
変化：become, get, grow, turn
感覚：feel, smell, taste, sound

C 第 3 文型 (S+V+O)

参 p.54-55

❺ We **play** soccer from Monday to Saturday. ▶50.
私たちは月曜日から土曜日までサッカーをします。

❻ Sally **likes** ice cream.　Ben **likes** it, too. ▶52.
サリーはアイスクリームが好きです。ベンもそれが好きです。

S+V+O：「S は O を V する」。S+V の後に O (目的語) を必要とする。
O は，主として名詞か代名詞。

	S	V	O	
❺	We	play	soccer	.
❻	Sally	likes	ice cream	.
	Ben	likes	it	.

確認！
S+V+O (S≠O)
We≠soccer
Sally≠ice cream / Ben≠it
S+V+C (S=C)
Rose=my pet dog (❸)

EXERCISES

1 次の各文の下線部は何を修飾しているかを答えなさい。 A

1. It was raining <u>hard</u>. ＿＿＿＿＿
2. <u>Wet</u> wood doesn't burn well. ＿＿＿＿＿
3. He sometimes goes <u>to the sea</u> by car. ＿＿＿＿＿
4. Mary cried <u>with a loud voice</u>. ＿＿＿＿＿
5. People <u>in this country</u> get up early. ＿＿＿＿＿

2 絵に合うように，次の各文の（　　）内に，［　　］の語群から適語を選んで補いなさい。 

1. You (　　　　　　) tired.　　　2. I (　　　　　　) tired.
3. They (　　　　　　) nice.　　　4. You (　　　　　　) happy.

[feel / look / smell / sound]

3 次の各文の目的語に下線を引きなさい。 C

1. I like sports very much.
2. How did you enjoy your vacation?
3. We usually have dinner at 7 o'clock.
4. Our parents love us deeply.
5. I don't know her telephone number.

4 (　　)内の語句を並べかえて，英文を完成させなさい。 B C

1. 日本人は緑茶をたくさん飲みます。
   Japanese people (a lot of / drink / green tea).

   ....

2. このスープは私には塩辛すぎる。
   This soup (for / tastes / me / too salty).

   ....

3. 食事の後，私は眠くなった。
   I (after / felt / the meal / sleepy).

   ....

Lesson 4 文の型 (2)

☑第 4，5 文型と There is [are] ... の文の構造や特徴を理解し，使い分けられるようになろう。

A 第 4 文型 (S+V+O_1+O_2)

参 p.56-57

❶ Our coach **gives us** good **advice**. コーチは私たちによいアドバイスをしてくれます。 ▶53.

❷ My father **bought me** a **computer**. 父は私にコンピュータを買ってくれた。 ▶55.

S+V+O_1+O_2：「S は O_1（ふつうは「人」）に O_2（ふつうは「物」）を V する」
S+V の後に O_1（間接目的語）と O_2（直接目的語）を必要とする。

	S	V	O_1	O_2
❶	Our coach	gives	us	good advice.
❷	My father	bought	me	a computer.

O_1+O_2 の順序を逆にすると，❶ → Our coach gives good advice *to* us.
❷ → My father bought a computer *for* me.

確認！ O_1 と O_2 を逆にしたとき，to ... になるか for ... になるかで 2 つのグループに分けられる。

give のグループ	buy のグループ
hand（手渡す），lend（貸す），pass（回す），pay（払う），sell（売る），send（送る），show（見せる），teach（教える），tell（伝える）	build（建ててあげる），choose（選んであげる），cook（料理してあげる），find（見つけてあげる），get（手に入れてあげる），make（作ってあげる）

B 第 5 文型 (S+V+O+C)

参 p.58-59

❸ Music **makes me happy**. 音楽は私を幸せにしてくれます。 ▶56.

❹ We **call** the **holidays** **"Golden Week."** ▶57.
私たちはその休日を「ゴールデンウィーク」と呼びます。

S+V+O+C：「S は O を C にする [と呼ぶ]」。S+V+O の後に「O=C」の関係となる C を必要とする。

	S	V	O	C
❸	Music	makes	me	happy.
❹	We	call	the holidays	"Golden Week."

第5文型に用いられる主な動詞

O を C の状態にする：make，get，keep，leave，turn，paint
O を C と呼ぶ [C に選ぶ]：call，name，choose，elect
O を C と思う：think，consider，believe，find

確認！
S+V+O+C (O=C)
I am happy. (❸)
The holidays are "Golden Week." (❹)
S+V+O_1+O_2 (O_1≠O_2)
us≠good advice (❶)

C 「存在」を表す文

参 p.60-61

❺ **There is** a **river** near my house. 私の家の近くには川があります。 ▶59.

❺ **There is [are] ...+場所を表す語句**：「～には…がある [いる]」。「何があるか，だれがいるか」を表す。
S+is [are]+場所を表す語句：「…は～にいる [ある]」。「どこにいるか [あるか]」を表す。
The book department is on the fourth floor. 書籍売り場は 4 階にあります。

EXERCISES

1 次の各文を日本語に直しなさい。 A

1. She sent me a long letter.

2. Please pass me the salt.

3. My uncle bought me the guitar.

4. My aunt made me a nice sweater.

5. Did you send Kate a postcard from London?

2 (　　)内の語句を並べかえて，英文を完成させなさい。 B

1. フレッドはいつも自転車をきれいにしている。
   Fred always (clean / his bike / keeps).

2. ボブはいつも自転車を汚れたままにしている。
   Bob always (his bike / leaves / dirty).

3. 読んでみると，その本はとても難しかった。
   I (found / very difficult / the book).

4. ドアは開けたままにしておいてください。
   Please (keep / open / the door).

3 次の各文の空所に is か are を補いなさい。 C

1. There (　　　　　　) a man at the door.
2. There (　　　　　　) some cars in the parking lot.
3. There (　　　　　　) four people in my family.
4. My father (　　　　　　) in the garden.
5. Your glasses (　　　　　　) on your head.

Get Ready 2 動詞の形

A 過去形

❶	They	played	soccer yesterday.	(彼らは昨日サッカーをしました。)
❷	They	lost	the game.	(彼らは試合に負けてしまいました。)

play → played, lose → lost

過去のことがらは動詞を過去形にして表します。動詞に -ed をつけて作りますが，特別な形に変化するものもあります。(➡後見返し，p.76)

CHECK 1 [ ]内の動詞を過去形にして( )内に補いなさい。

1. The teacher ( ) my name. [call]
2. I ( ) up. [stand]
3. My father ( ) the dinner yesterday. [cook]
4. I ( ) a letter to her. [write]
5. I ( ) for her answer. [wait]

B 進行形

❶	Fred	is	playing	soccer now.	(フレッドは今サッカーをしています。)
❷	They	are	playing	soccer now.	(彼らは今サッカーをしています。)

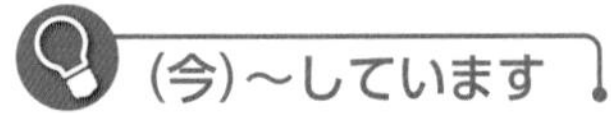

(今)〜しています

〈be-動詞＋動詞の〜ing 形〉で表します。

I	am	playing	...
You	are	playing	...
He / She / It	is	playing	...
We / You / They	are	playing	...

CHECK 2 [ ]内の動詞を使って，「(今)〜している」という文を作りなさい。

1. Please be quiet. I ( ) ( ). [work]
2. He is in his room. He ( ) ( ). [sleep]
3. Mary ( ) ( ) the party now. [enjoy]
4. They ( ) ( ) television. [watch]

C 完了形

❶	I	have	finished	my homework.	(私は宿題を終えました。)
❷	He	has	cleaned	his shoes.	(彼はくつをきれいにしました。)

～した[してしまった](そして，今…)

❶は「そして，今私はくつろいでいる」という気持ちを，❷は「そして，今彼のくつはきれいだ」という気持ちを表します。

I / You / We / They	have	finished	…
He / She / It	has	cleaned	…

この finished や cleaned は，形は過去形と同じですが，働きが違うので過去分詞といいます。特別な形に変化するものもあります。*cf.* go-went-gone(➡後見返し)

CHECK 3 [　]内の動詞を使って，「～してしまった」という文を作りなさい。

1. I (　　　　) (　　　　) dinner. [finish]
2. He (　　　　) (　　　　) his key. [find]
3. They (　　　　) (　　　　) to bed. [go]

D 受動態[受け身]

❶ English **is spoken** in Singapore.
(シンガポールでは，英語が話されています。)

❷ English and French **are spoken** in Canada.
(カナダでは，英語とフランス語が話されています。)

～され(てい)る

「英語が」や「英語とフランス語が」，「話す」のではなくて「話されている」という受け身は，〈be-動詞＋過去分詞〉で表します。

CHECK 4 (　)内から適切なほうを選びなさい。

1. The classroom (cleans / is cleaned) every day.
2. This machine (uses / is used) very often.
3. Stamps (sell / are sold) in a post office.

Lesson 5 現在・過去

☑現在や過去のことについて表現できるようになろう。

A 現在時制と現在進行形

参 p.74-75

❶ They **jog** in the park every morning. 彼らは毎朝公園でジョギングをする。 ▶72.

❷ I'**m swimming** at a beach in Okinawa now. ▶73.
私は今，沖縄の海岸で泳いでいるところです。

❶ **現在時制**：現在を中心として，過去から未来にわたる状態や習慣的な動作を表す。

The sun **rises** in the east. 太陽は東から昇る。

❷ **現在進行形（am [are, is] + ～ing）**：「(今)～している」。今だけの進行中の動作を表す。

B 過去時制と過去進行形

参 p.76-77

❸ I **was** busy yesterday. 私は昨日忙しかった。 ▶75.

❹ Steve **was reading** a book when the phone **rang**. ▶79.
電話が鳴ったとき，スティーブは本を読んでいた。

❸ **過去時制**：現在から切り離された過去のことがらを表す。

❹ **過去進行形（was [were] + ～ing）**：「(過去のある時点に)～していた」

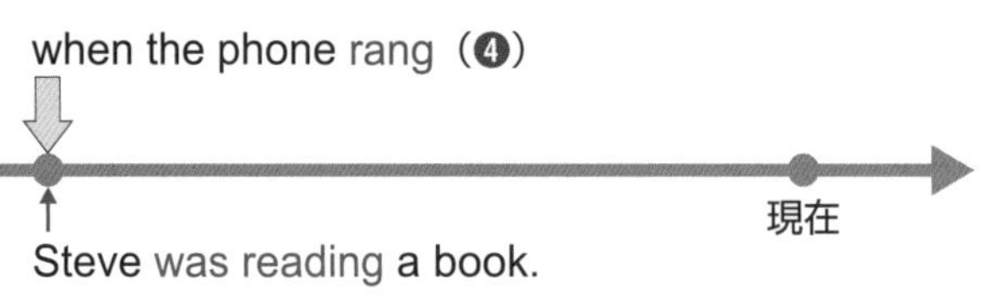

EXERCISES

1 次の各文の（　）内の動詞を現在時制か現在進行形に直しなさい。 A

1. The moon (go) around the earth. (　　　)
2. She (have) a bike. Why does she want another? (　　　)
3. Jim and Ken (play) tennis now. (　　　)
4. My father (drive) to work every day. (　　　)
5. You can make the tea. The water (boil). (　　　)

2 （　）内の動詞を適切な形にして，「～したとき…していた」という文を作りなさい。 B

1. They (play) tennis when it (begin) to rain.

2. Newton (sit) under a tree when an apple (fall) on his head.

3. She (cook) dinner when the doorbell (ring).

4. When Jane (arrive) home, her brother (play) a video game.

3 日本語の意味を表すように，空所に１語を補いなさい。 B

1. ジョンは今朝階段から落ちて脚の骨を折った。
   John (　　　) down the stairs this morning and (　　　) his leg.
2. 私が到着したとき，ユミは私を待っていました。
   Yumi (　　　) waiting for me when I (　　　).
3. 昨夜８時には何をしていましたか。
   What (　　　) you (　　　) at eight last night?
4. 私たちが出かけたとき，雨は降っていませんでした。
   When we (　　　) out, it (　　　) not (　　　).

4 斜字体の部分に注意して，次の各文を日本語に直しなさい。 A B

1. I *saw* Tom this morning. He *was studying* in the library.

2. Hurry up! They *are waiting* for you.

3. He *was driving* very fast when the police *stopped* him.

Lesson 6 未来

☑未来のことについて表現できるようになろう。

A will＋動詞の原形 ㊇ p.78

❶ It **will be** rainy and windy in the afternoon. 午後は雨で風が強くなるでしょう。 ▶80.

❷ I'll **lend** you my new CD tomorrow. 明日私の新しいCDを貸してあげましょう。 ▶81.

〈will＋動詞の原形〉の形で未来のことがらを表す。

❶ 主語の意志にかかわりなく起こる未来のことがらを表す。

❷ 主語の意志による未来のことがらを表す。

B be going to＋動詞の原形 ㊇ p.79

❸ It's cloudy.　I think it'**s going to rain**. 曇っています。雨が降りそうです。 ▶82.

❹ We **are going to climb** the mountain because the weather is fine today. ▶83.
今日は天気がいいので，私たちはその山に登るつもりです。

〈be going to＋動詞の原形〉も「未来」を表すが，次の2つの意味を持つ。

❸「(何かから判断して)～しそうだ」(話者の主観的な判断)
Be careful!　The shelf is going to fall down.
気をつけて！　棚が落ちてきそうよ。

❹「～するつもりだ」(あらかじめ考えられていた意志・計画)
A: There is no milk in the refrigerator.
冷蔵庫にミルクがないよ。
B: I know.　I'm going to get some tomorrow.
わかっているわ。明日買うつもりよ。
B: O.K.　I'll get some tomorrow.
わかったわ。明日買って来るわ。

確認！
be going to ～
あらかじめ考えられていた意志・計画
will ～
その場で思いついた意志

C 未来を表す現在形・現在進行形 ㊇ p.80

❺ The lunar eclipse **starts** at 7:30 p.m. this Friday. ▶84.
月食は今週金曜日の午後7時半に始まります。

❻ My aunt **is coming** to my house this Friday. ▶85.
私のおばが今週金曜日にうちに来ることになっています。

近い未来の予定は現在形や現在進行形で表すこともできる。

❺ **予定を表す現在形**：公的な予定など，確定的な未来の予定を表す。
Excuse me.　What time does this train get to New York?
すみません。この列車は何時にニューヨークに着きますか。

❻ **予定を表す現在進行形**：近い未来の個人的な予定を表す。
We're going to a concert tonight.　It starts at 7:30.
私たちは今夜コンサートに行くことになっています。コンサートは7時30分に始まります。

EXERCISES

1 次の各文を指示に従って will ～の文に書きかえなさい。 A

1. My father is 48 now. （now を next month に変えて）

2. The weather is nice today. （today を tomorrow に変えて）

3. I bought a new computer yesterday. （yesterday を next week に変えて）

4. I finished my homework last night. （last night を tomorrow morning に変えて）

2 日本語の意味を表すように，空所に１語を補いなさい。 A B

1. 急いで！　バスに乗り遅れそうです。
   Hurry up!　We (　　　　　) going (　　　　　) miss the bus.
2. *A:* 電話が鳴っています。　*B:* 私が出ましょう。
   A: The phone is ringing.　*B:* I (　　　　　) answer it.
3. 私の髪は汚れています。洗うつもりです。
   My hair is dirty.　I'm (　　　　　) (　　　　　) wash it.
4. かさを持って行きなさい。雨が降りそうだ。
   Take an umbrella with you.　It (　　　　　) (　　　　　) (　　　　　) rain.
5. 明日の天気は寒くて曇りになるでしょう。
   Tomorrow's weather (　　　　　) (　　　　　) cold and cloudy.

3 斜字体の部分に注意して，次の各文を日本語に直しなさい。 C

1. The train for Hiroshima *leaves* at seven this morning.

2. Summer vacation *begins* next Monday.

3. My grandmother *is staying* with us this Friday.

4. We *are having* steak for dinner tonight.

5. I'*m going* to Hawaii tomorrow and I'*m coming* back in January.

Lesson 7 現在完了形

☑現在完了形の3つの用法を理解し，現在時制や過去時制との使い分けができるようになろう。

A 完了・結果

参 p.81

❶ I **have lost** my key.　私はかぎをなくしてしまいました。 ▶86.

❷ Our friends **have just arrived.**　私たちの友だちがちょうど着いたところです。 ▶87.

現在完了形(have [has]＋過去分詞)

❶❷ 完了・結果：「～してしまった(そして，今…)」

確認！「完了・結果」で用いる語

just(ついさっき)，
already(もう)，
yet(《疑問文で》もう)
　(《否定文で》まだ)

B 経験

参 p.82

❸ I **have ridden** a horse **once.**　私は一度馬に乗ったことがあります。 ▶88.

❹ **Have** you **ever been** *to* Disneyland?　ディズニーランドへ行ったことがありますか。 ▶89.

❸❹ 経験：「(今までに)～したことがある[ない]」

have been to ...：「…へ行ったことがある」(❹)
　　　　　　　　「…へ行ってきたところだ」(完了)
have gone to ...：「…へ行ってしまった(今ここにいない)」
　　　　　　　　(完了・結果)

確認！「経験」で用いる語句

ever(かつて)，never(一度も…ない)，
before(以前に)，often(しばしば)，
once，twice，three times

C 継続

参 p.83-84

❺ Takeshi and I **have been** friends **since we met at the party last year.** ▶91.
タケシと私は去年そのパーティーで会って以来の友だちです。

❻ The computer **has been making** strange sounds **since yesterday.** ▶93.
そのコンピュータは昨日から変な音がします。

❺ 継続：「(今まで)ずっと…だ」(状態の継続)

**❻ 現在完了進行形(have [has] been ～ing)：
「(今まで)ずっと～している」(動作の継続)**

確認！「継続」で用いる語句

for ...(…の間)，since ...(…以来)，
How long ...?(いつから…か)

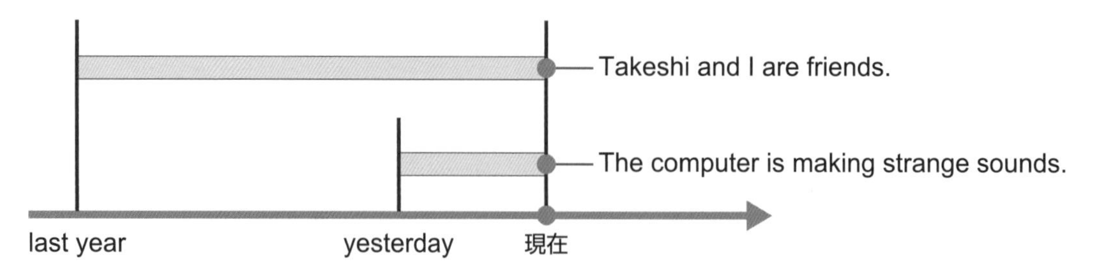

EXERCISES

1 現在完了形の文になるように，（　　）内の語句を適切な形に変えなさい。 A

1. I (clean) my room. ....
2. They (already go) to bed. ....
3. It (stop) raining. ....
4. He (have) a bath. ....

2 日本語の意味を表すように，空所に1語を補いなさい。 B

1. 私はこんなにおもしろい本は一度も読んだことがない。
   I have (　　　　　) read such an interesting book.
2. 今までヨーロッパへ行ったことがありますか。
   Have you (　　　　　) (　　　　　) to Europe?
3. その男の人には以前どこかで会ったことがある。
   I have seen the man somewhere (　　　　　).
4. 私はその映画を一度テレビで見たことがあります。
   I (　　　　　) (　　　　　) the movie (　　　　　) on TV.

3 各組の文がほぼ同じ内容を表すように，空所に1語を補いなさい。 C

1. { My sister became ill five days ago and she is still ill.
   { My sister (　　　　　) (　　　　　) ill for five days.
2. { It began to rain this morning and it is still raining now.
   { It (　　　　　) (　　　　　) raining since this morning.
3. { His grandmother died three years ago.
   { His grandmother (　　　　　) (　　　　　) dead for three years.

4 「ずっと…だ」という文を完成させなさい。 C

1. He is in the hospital. 
2. They live in the house. 
3. They are watching TV. 
4. It is raining.

1. He .... since Sunday.
2. They .... for ten years.
3. They .... for two hours.
4. It .... all day.

Lesson 8 過去完了形

☑過去完了形の用法や意味を理解し，現在完了形や過去時制との使い分けができるようになろう。

A 現在完了形と過去完了形

参 p.85

❶ I arrived late at the station. The train **had left**. ▶95.
私は駅に着くのが遅れた。列車はもう出たあとだった。

❷ I **had never flown** in a plane before I visited London last year. ▶96.
私は昨年ロンドンを訪れる以前は，飛行機に乗ったことはありませんでした。

❸ He **had been** sick in bed **for a week** when I visited him. ▶97.
私が見舞いに行ったとき，彼は 1 週間病気で寝込んでいた。

過去完了形（had＋過去分詞）

I'd just had lunch.
昼食をとったところだったのです。

I've just had lunch.
昼食をとったところなのです。

❶ **完了・結果**：「(過去のある時までには) ～してしまっていた」

❷ **経験**：「(過去のある時までに) ～したことがあった」

❸ **状態の継続**：「(過去のある時まで) ずっと～だった」
過去のある時までの動作の継続は，**過去完了進行形（had been ～ing）**になる。
He was very tired. He had been working hard all day.
彼はとても疲れていた。一日中働きづめだったのだ。

B 過去時制と過去完了形

参 p.86，296-297

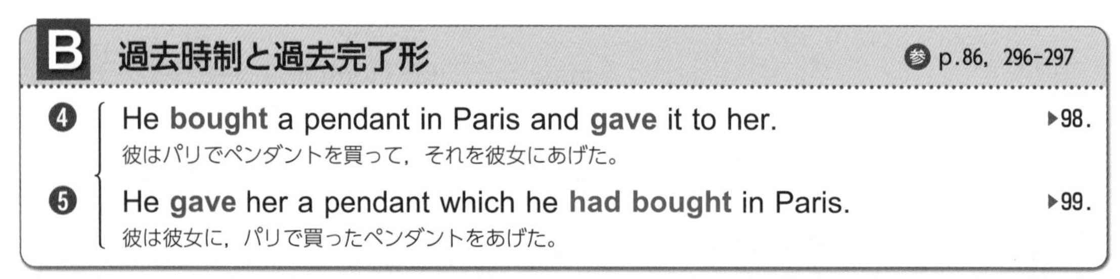

❹ He **bought** a pendant in Paris and **gave** it to her. ▶98.
彼はパリでペンダントを買って，それを彼女にあげた。

❺ He **gave** her a pendant which he **had bought** in Paris. ▶99.
彼は彼女に，パリで買ったペンダントをあげた。

過去からさらにさかのぼった過去は過去完了形になる。(**大過去**)

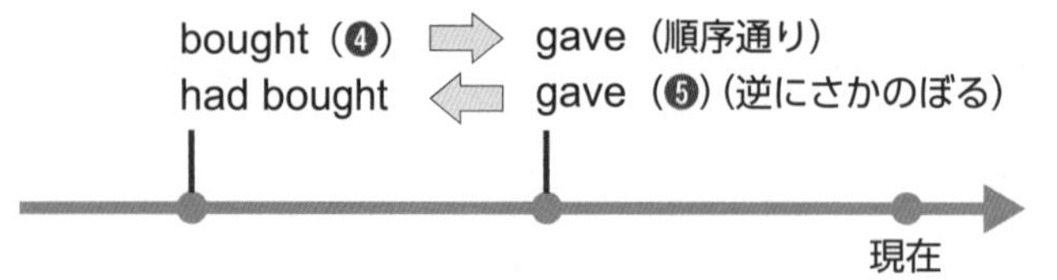

確認！ 時制の一致
主たる動詞が現在 (says) から過去 (said) へ変化すると，is → was など と変化することに注意。このような現象を時制の一致という。

時制の一致

He says (that) he is tired. → He said (that) he was tired.
彼は疲れていると言っている。 彼は疲れていると言った。

Bob says that he met May. → Bob said that he had met May.
ボブはメイに会ったと言っている。 ボブはメイに会ったと言った。

He is afraid he has hurt her feelings. → He was afraid he had hurt her feelings.
彼は彼女の感情を害してしまったのではないかと思っている。 彼は彼女の感情を害してしまったのではないかと思っていた。

EXERCISES

1 (　　)内の語句を後ろにつけ加えて，過去完了形の文に書きかえなさい。 A

1. The bus already left. (when we arrived at the bus stop)

2. She lived in Osaka. (before she came to Tokyo)

3. All my children went to bed. (before I came home)

4. She just went shopping. (when I called her)

2 日本語の意味を表すように，空所に1語を補いなさい。 A B

1. 私はすぐに彼女がわかりました。一度会ったことがあったからです。
   I knew her at once, because I (　　　　) (　　　　) her once.
2. それは私がそれまでに読んだ中で一番おもしろい話でした。
   That was the most interesting story that I (　　　　) ever (　　　　).
3. 彼はそれまでずっと泣いていたので，目が赤かった。
   His eyes were red because he (　　　　) (　　　　) crying.
4. 私は，その5日前に買ったかさをなくしました。
   I (　　　　) my umbrella which I (　　　　) (　　　　) five days before.
5. 姉は2年間使っていた辞書を私にくれました。
   My sister (　　　　) me the dictionary she (　　　　) (　　　　) for two years.

3 斜字体の動詞を過去形にして，全文を書きかえなさい。 B

1. I *guess* he is right.

2. I *hope* he will keep his promise.

3. I *know* that he has been to America.

4. She *says* that she bought the pen in London.

Lesson 9 助動詞 (1)

☑助動詞 can と may の用法や意味を理解し，使えるようになろう。

A can

参 p.100-101

❶ **Can** you swim? —— Yes, I **can**, but I **can't** dive. ▶118.
あなたは泳げますか。——はい，泳げますが，もぐれません。

❷ **Can** you teach me how to cook fried noodles? ▶119.
焼きそばの作り方を教えてくれませんか。

❸ You **can't** be tired. You've just had a rest. ▶120.
あなたは疲れているはずがありません。休憩をとったばかりでしょう。

❶ **「～することができる」（=be able to ～）**
Some day people will be able to travel to Mars.
いつの日か，人々は火星に旅行することができるようになるでしょう。

確認！ 未来時制や完了形では必ず be able to ～を用いる。

❷ **Can［Could］you ～?：「(あなたは～することができますか→)～してくれませんか」**

❸ **cannot ～：「(～することはありえない→)～するはずがない」**
The news can be true. (…であることもありうる)
そのニュースは本当であることもありうる。
Can the news be true? (…でありうるか)
いったいそのニュースは本当なのだろうか。
The news can't be true. (…であるはずがない)
そのニュースは本当のはずがない。

B may

参 p.102-103

❹ **May** I start cooking? —— Yes, go ahead. ▶121.
料理を始めてもいいですか。——ええ，どうぞ。

❺ Where is Sally? —— She **may** be in the gym. ▶122.
サリーはどこかしら。——体育館かもしれません。

❹ **「～してもよい」：この意味では can もよく用いられる。**
cf. Can I use the bathroom? お手洗いをお借りしてもいいですか。

❺ **「～かもしれない」**
Is Jack in his office? ジャックは自分のオフィスにいますか。
—— I'm not sure. He may［might］not be in his office.
よくわかりません。オフィスにはいないかもしれませんよ。

EXERCISES

1 空所に1語を補って日本語に直しなさい。 A

1. I'm good at cooking. I (　　　　　) make curry.

2. You will be (　　　　　) to speak English well.

3. (　　　　　) it be true that he died? —— No, it cannot be true.

4. You (　　　　　) be hungry. You've just had lunch.

5. I'm so busy today. I may not be (　　　　　) to meet you.

2 日本語の意味を表すように，空所に1語を補いなさい。 A B

1. 塩をとってくださいますか。
   (　　　　　) (　　　　　) pass me the salt, please?
2. おじは土曜日に私に会いに来るかもしれない。
   My uncle (　　　　　) (　　　　　) to see me on Saturday.
3. 電話をお借りしてもいいですか。
   (　　　　　) (　　　　　) use your phone, please?
4. あの先生がそんなことを言うはずがない。
   That teacher (　　　　　) say such a thing.
5. 水を1杯持ってきてくれませんか。
   (　　　　　) (　　　　　) (　　　　　) me a glass of water?

3 日本語の意味を表すように，may を用いて文を完成させなさい。 B

1. 彼は私の住所を知っているかもしれません。
   He ______________________ my address.
2. あなたのスマートフォンを使ってもいいですか？
   ______________________ your smartphone?
3. ジャックは車を持っているかもしれません。
   Jack ______________________.
4. この美術館では写真を撮ってもいいですよ。
   You ______________________ in this museum.

Lesson 10 助動詞(2)

☑助動詞 must や should [ought to]などの用法や意味を理解し，使えるようになろう。

A must

参 p.104-105

❶ You **must** wash your hands before you cook. ▶123.
料理をする前に手を洗わなければいけません。

❷ Students **must not** use cell phones at school. ▶124.
生徒は，学校で携帯電話を使ってはいけません。

❸ Have a rest. You **must** be tired. ▶125.
休憩をとりなさい。あなたは疲れているにちがいありません。

❶ **「～しなければならない」（=have to ～）**
The airplane had to change course because of the storm.
飛行機は嵐のために進路を変えなければならなかった。

❷ **must=have to ～**
→ **must not ～**：「～してはならない」
→ **don't have to ～**：「～する必要はない」（=don't need to ～）

You don't have to [don't need to] give the child any medicine. The fever isn't serious.
その子に薬を飲ませる必要はありません。熱はたいしたことはないですから。

❸

～にちがいない	must ～	(強い肯定の)推量
～かもしれない	may ～	推量
～のはずがない	cannot ～	(強い否定の)推量

確認！ can, may, must には「推量」を表す用法がある。

B should と ought to

参 p.109

❹ You have a slight fever. You **should** [**ought to**] stay home today. ▶132.
少し熱があるわ。今日は家にいなさい。

❺ It's almost 6:00. Mary **should** [**ought to**] be home soon. ▶134.
もう6時だ。メアリーはやがて帰って来るはずだ。

❹ **「(当然)～するべきだ」**：must よりも柔らかく助言や勧告を表す。
You should not [ought not to] stay up late at night.
夜ふかしをしてはいけません。

確認！ ought to を否定するときの not の位置に注意。

❺ **「(当然)～するはずだ」**：当然起こるはずのことがらを表す。

C Will [Won't] you ～? / Shall I [we] ～?

参 p.110-111

❻ **Will you** give me some cold medicine, please? 風邪薬をくれませんか。 ▶135.
❼ **Won't you** join me in a song? 一緒に歌いませんか。 ▶136.
❽ **Shall I** take you to the hospital? 病院へ連れて行ってあげましょうか。 ▶137.
❾ **Shall we** go out tonight? 今夜は外出しませんか。 ▶138.

❻ **Will you ～?**：「～してくれませんか」 / ❼ **Won't you ～?**：「～しませんか」
❽ **Shall I ～?**：「～しましょうか」 / ❾ **Shall we ～?**：「(一緒に)～しませんか，～しましょうよ」

EXERCISES

1 (　　)内から適切なほうを選び，文を完成させなさい。 A

1. You (must / mustn't) read this book.　It's really excellent.
2. She was ill.　We (must / had to) call the doctor.
3. You (must not / don't need to) make noise in the library.
4. You (mustn't / don't have to) ring the bell.　I have a key.
5. His face is red.　He (must / can't) have a fever.
6. He (must / can't) be so young.　He has a grandson.

2 次の各文を日本語に直しなさい。 B

1. You look tired.　You should go to bed.

----

2. You work all the time.　You shouldn't work so hard.

----

3. You ought to eat a lot of vegetables every day.

----

4. Tom ought not to drive.　He is too tired.

----

5. She should pass the exam.　She has studied very hard.

----

3 日本語の意味を表すように，空所に１語を補いなさい。 A B

1. あなたは試験に向けて一生懸命勉強しなければならない。
   You (　　　　　) (　　　　　) study hard for the exam.
2. あなたは二度と学校に遅刻してはいけません。
   You (　　　　　) (　　　　　) be late for school again.
3. 疲れた顔をしていますよ。早く寝るべきです。
   You look tired.　You (　　　　　) (　　　　　) to bed early.
4. この薬はあなたによく効くはずです。
   This medicine (　　　　　) (　　　　　) work well for you.

4 (　　)内から適切なほうを選び，次の対話文を完成させなさい。 C

1. *A:* (Will / Shall) you pass me the newspaper?　*B:* All right.
2. *A:* (Won't / Shall) you have lunch at the café?　*B:* Yes, I'd love to.
3. *A:* (Shall / Will) I carry your suitcase?　*B:* No, thank you.
4. *A:* (Won't / Shall) we go to the concert tonight?　*B:* Yes, let's.

Lesson 11 受動態 (1)

☑受動態の基本用法を理解し，能動態と受動態の文を使い分けられるようになろう。

A 受動態の基本形

参 p.124，126

❶ Many people around the world **love soccer**. ▶150.
世界中の多くの人たちがサッカーを愛しています。

❷ **Soccer is loved** *by* many people around the world. ▶151.
サッカーは世界中の多くの人たちに愛されています。

	S	V	O	
❶ 能動態：	Many people	love	soccer	.

❷ 受動態：	Soccer	is loved	*by*	many people .

be＋過去分詞	(*by*	...)

：「(…によって) ～される」

The two islands are joined *by* a bridge.
その 2 つの島は 1 本の橋でつながれている。

受動態の否定文：主語＋be-動詞＋not＋過去分詞 ...
The two islands are not joined *by* a bridge.

疑問文：Be-動詞＋主語＋過去分詞 ...?
Are the two islands joined *by* a bridge?

確認！ 受動態の作り方
(1)能動態の目的語→受動態の主語
(2)能動態の動詞 →be-動詞＋過去分詞　am [are, is]＋過去分詞 (現在時制)
was [were]＋過去分詞 (過去時制)
(3)能動態の主語 →by ... として後ろに置く

B by ... のない受動態

参 p.125

❸ His work **was finished** before five o'clock. 彼の仕事は 5 時前に終えられた。 ▶152.

❹ A new ballpark **was built** in Hiroshima. 新しい野球場が広島に造られました。 ▶153.

受動態は動作を受けるほうを中心にした表現なので，動作主を示す by ... は表されないことが多い。とくに，次のような場合は by ... がないほうがふつうである。

動作主がわかりきっている場合 (❸)

動作主がわからない場合

His bike was stolen during the night.
彼の自転車は夜の間に盗まれた。

確認！ 動作主を言い表しにくい場合 (❹) にも by ... はつけない。

EXERCISES

1 絵を参考にして，(　　)内に１語を補い，受動態の文を完成させなさい。 **A**

1. His wife cut his hair.
   His hair (　　　　　) (　　　　　) by his wife.
2. Beavers made these dams.
   These dams (　　　　　) (　　　　　) by beavers.
3. A firefighter saved the child.
   The child (　　　　　) (　　　　　) by a firefighter.
4. My grandfather planted these trees.
   These trees (　　　　　) (　　　　　) by my grandfather.

2 (　　)内に１語を補い，受動態の文を完成させなさい。 **B**

1. We use chocolate in desserts.
   Chocolate (　　　　　) (　　　　　) in desserts.
2. They did not invite me to the party.
   I (　　　　　) (　　　　　) (　　　　　) to the party.
3. They don't deliver mail on Sunday.
   Mail (　　　　　) (　　　　　) (　　　　　) on Sunday.
4. Where did you find the watch?
   Where (　　　　　) the watch (　　　　　)?
5. What time do they close the store?
   What time (　　　　　) the store (　　　　　)?

3 次の各文の(　　)内に，[　　]の語群から適語を選び受動態にして補いなさい。 **B**

1. In hotels, the sheets on the beds (　　　　　　　　) every day.
2. Yesterday, all the flights (　　　　　　　　) because of fog.
3. The old building (　　　　　　　　) two hundred years ago.
4. This gate (　　　　　　　　) at eight every morning.
5. My bag (　　　　　　　　) from my car yesterday.
6. The Olympic Games (　　　　　　　　) every four years.
   [build / change / cancel / hold / open / steal]

Lesson 12 受動態 (2)

☑受動態を使ったさまざまな表現を理解し，使えるようになろう。

A S+V+O_1+O_2，S+V+O+C の受動態

参 p.127-128

❶ **Jim was lent a new computer** by the school. ▶157.
ジムは学校から新しいコンピュータを貸してもらった。

❷ **A new computer was lent** (*to*) **Jim** by the school. ▶158.
新しいコンピュータが学校からジムに貸し与えられた。

❸ My name is Richard, and **I am called** *Dick* by my friends. ▶159.
ぼくの名前はリチャードで，友人たちにはディックと呼ばれています。

S+V+O_1+O_2 の文の受動態：The school lent Jim (O_1) a new computer (O_2).

❶ **O_1(Jim) を主語とする**：O_2(a new computer) はそのまま残す。
❷ **O_2 を主語とする**：O_1 は to ... となるのがふつう。

確認！ S+V+O_1+O_2 の文の受動態は，O_1 を主語とするもの，O_2 を主語とするものの 2 通りが可能。

S+V+O+C の文の受動態：My friends call me (O) *Dick* (C).

❸ O(me) を主語として，C(*Dick*) はそのまま残す。

B 助動詞＋be＋過去分詞

参 p.129

❹ The problem of pollution **must be solved.** 公害問題は解決されなければならない。 ▶161.

❺ Many exciting games **will be played** in the new ballpark. ▶162.
その新球場では，多くのわくわくするような試合が行われるでしょう。

❹ ← We must solve the problem of pollution.
❺ ← They will play many exciting games in the new ballpark.

助動詞	動詞の原形	⇨	助動詞	be	過去分詞

C by 以外の前置詞を用いる受動態

参 p.130-131

❻ The town **was crowded with** Christmas shoppers. ▶163.
町はクリスマスの買い物客で混雑していた。

❼ Everybody **was surprised at** the news. だれもがそのニュースに驚いた。 ▶164.

❽ Don't worry. Your leg **isn't injured** seriously. ▶165.
心配しないで。脚のけがはひどくはありませんよ。

慣用的に by 以外の前置詞と結びつく受動態や，日本語では「～される」とはならないが英語では受動態になるものもある。

by 以外と結びつく受動態

be crowded with ... (…で混雑している)，be filled with ... (…でいっぱいである)，be known to ... (…に知られている)，be covered with ... (…で覆われている)，be dressed in ... (…を着ている)，be caught in ... (…(にわか雨など)にあう)，be accustomed [used] to ... (…に慣れている)，be interested in ... (…に興味を持っている)，be surprised at ... (…に驚く)，be pleased with ... (…に喜ぶ)，be satisfied with ... (…に満足している)，be tired of ... (…にあきあきしている)

EXERCISES

1 上の文の受動態を，それぞれ文頭の語句に続けて作りなさい。 A

1. Mr. Yamada teaches us English.

   We ______________________________.

2. My uncle gave me this watch.

   This watch ______________________________.

3. My aunt bought me this camera.

   This camera ______________________________.

2 次の各文を受動態に書きかえなさい。(by ... は不要) A

1. We named our dog Mark.

   ____

2. We call a young cat a kitten or a kitty.

   ____

3. They painted the walls green.

   ____

3 (　　)内の語句を並べかえて，英文を完成させなさい。 B C

1. この仕事はすぐにやらねばなりません。
   (be / done / must / this work) at once.

   ____

2. 大都市では星は見えない。
   (be / cannot / stars / seen) in big cities.

   ____

3. 夏目漱石はほとんどすべての日本人に知られている。
   Natsume Soseki (to / is / known) almost every Japanese.

   ____

4. 最近，私の兄は車に興味があります。
   My brother (cars / in / interested / is) these days.

   ____

5. その通りは車や自転車や人でいっぱいだった。
   (filled / the street / was / with) cars, bikes, and people.

   ____

Get Ready 3 不定詞・動名詞・分詞

A 不定詞

❶ I want [a ticket for the concert].　(私はそのコンサートのチケットがほしいです。)

❷ I want [to go to the concert].　(私はそのコンサートへ行きたいです。)

～すること

❷の to go to the concert は「そのコンサートへ行くこと」という意味を表し，❶の a ticket for the concert という名詞と同じ働きをしています。

CHECK 1 (　)内に，右の[　　]内から適切なものを選んで補いなさい。

1. I'm tired.　I want (　　　　　　).
2. Where is Ann?　I need (　　　　　　).
3. We have decided (　　　　　　).

to take a rest
to go to France this summer
to talk to her

❸ He has [a car] [to sell].　(彼は売る(ための)車を持っています。)

～する(ための)…

❸の to sell は，「売る(ための)車」と後ろから a car を修飾する形容詞の働きをしています。

CHECK 2 (　)内に，右の[　　]内から適切なものを選んで補いなさい。

1. I'm busy today.　I have a lot of work (　　　　　　).
2. I'm hungry.　I want something (　　　　　　).
3. I'm thirsty.　I want something (　　　　　　).

to eat
to do
to drink

❹ He [is studying] [hard] [to pass the exam].

(彼は試験に合格するために一生懸命に勉強しています。)

～するために…

to pass the exam は「試験に合格するために(勉強している)」と，動詞(is studying)を修飾し，hard と同じ副詞の働きをしています。

CHECK 3 (　)内に，右の[　　]内から適切なものを選んで補いなさい。

1. I went to the supermarket (　　　　　　).
2. I phoned Tom (　　　　　　).
3. I knocked on his bedroom door (　　　　　　).

to wake him up
to invite him to a party
to buy some food

B 動名詞

❶ He started **to work in a supermarket**.
❷ He started **working in a supermarket**.
(彼はスーパーマーケットで働きはじめました。)

～すること

❷の working in a supermarket は「スーパーマーケットで働くこと」という意味を表し，❶の to work in a supermarket と同じように名詞の働きをしています。

動詞の ～ing 形 ：「～すること」（動名詞）

CHECK 4 Do you like ～ing?(あなたは～することが好きですか。)の文を完成させなさい。

1. I often get up early.　Do you like ________________ ?
2. I often travel by train.　Do you like ________________ ?
3. I often eat in restaurants.　Do you like ________________ ?

C 分詞

❶ I know **the children** **playing in the yard**.　(私は庭で遊んでいる子どもたちを知っています。)
❷ This is **the window** **broken by Tom**.　(これがトムによって壊された窓です。)

～している…

名詞 ← 現在分詞(～ing 形) の形で，「～している…」と後ろから名詞を修飾します。(❶)

～された…

名詞 ← 過去分詞 の形で，「～された…」と後ろから名詞を修飾します。(❷)

〈前置詞＋名詞〉や to-不定詞が前の名詞を修飾する場合と同様に考えられます。

the dictionary	on the desk
a car	to sell

CHECK 5 (　　)内に，右の［　　］内から適切なものを選んで補いなさい。

1. I received an email (　　　　　　).
2. Most of the people (　　　　　　) didn't come.
3. The curtain (　　　　　　) is very dirty.

［hanging in the kitchen / invited to the party / written in English］

Lesson 13 不定詞 (1)

☑不定詞の3つの用法を理解し，使い分けられるようになろう。

A 名詞用法

参 p.144-145

❶ **It** is dangerous **to believe** everything on the Internet. ▶174.
インターネット上のすべてのことを信じるのは危険です。

❷ My dream is **to study** computer engineering at university. ▶175.
私の夢は大学で情報工学を勉強することです。

❸ I **want to get** some information about current events in the world. ▶176.
私は世界の最新の出来事について情報を得たい。

❶ It is ... to-不定詞 ：「～することは…だ」

❷ **S＋be-動詞＋C(to-不定詞)**：「Sは～することである」

❸ **S＋V＋O(to-不定詞)**：「Sは～することをVする」

確認！ **S＋V＋O(to-不定詞)**
「～することを希望[決心]する」
to-不定詞は未来のことがらを表すことが多い。

B 形容詞用法

参 p.146-147

❹ I need **something warm to wear.** 私は何か暖かい服が必要です。 ▶178.

❺ Neil Armstrong was **the first man to walk** on the moon. ▶179.
ニール・アームストロングは月面を歩いた最初の人だった。

❻ We had **a chance to talk** about fashion. ▶180.
私たちはファッションについて話す機会がありました。

❹「～する(ための)…」 something warm to wear ：something は wear の意味上の目的語。

❺「～する人[物]」：the first man は walk の意味上の主語。

❻「～する(という)…」：to-不定詞が chance，way，time，reason などを修飾してその内容を説明する。

C 副詞用法(「目的」・「結果」)

参 p.148-149

❼ My mother goes to the supermarket **to buy** some food. ▶181.
母は食料を買うためにスーパーへ行きます。

❽ He came in quietly **so as *not* to wake** the child. ▶182.
子どもを起こさないように，彼は静かに入って来た。

❾ He awoke **to find** himself in a strange room. ▶183.
目が覚めてみると，彼は見知らぬ部屋にいた。

❼「～するために」(目的)：in order [so as] to ～となることもある。

❽「～しないように」：in order [so as] not to ～

❾「(～して)その結果(…を見いだす)」
He lived to be 90. (彼は生きて，その結果90歳になった。→)彼は90歳まで生きた。

確認！ to-不定詞の否定形は not to-不定詞

EXERCISES

1 次の 1. ～ 5. の不定詞の用法と同じものを下から選び，その記号を空所に書きなさい。 A

1. It is difficult to stop smoking. (　　　)
2. My hope is to study music in Italy. (　　　)
3. I want to take a trip somewhere. (　　　)
4. It is important to get exercise every day. (　　　)
5. My sister decided to be a doctor. (　　　)

a. He hoped to be a professional baseball player.
b. Her job was to teach boys and girls swimming.
c. It's nice to see you again.

2 (　　)内の語句を並べかえて，英文を完成させなさい。 B

1. 私は列車で読む新聞を買った。
I bought (a newspaper / read / to) on the train.

---

2. 子どもたちは何もすることがないと不満を言った。
The children complained that there was (do / nothing / to).

---

3. 彼は最後に会社を出た人だった。
He was (last / person / the / to / leave) the office.

---

4. あなたの宿題を手伝う時間はありません。
I have (help / no / time / to) you with your homework.

---

3 絵に合うように，空所に 1 語を補いなさい。 C

1.
2.
3.

1. He works hard in (　　　) (　　　) build a large house.
2. She ran down the street so as (　　　) (　　　) miss the bus.
3. The boy grew up (　　　) (　　　) a great violinist.

Lesson 14 不定詞 (2)

☑不定詞を使ったさまざまな表現を理解し，使えるようになろう。

A 副詞用法（「感情の原因」・「判断の根拠」・「形容詞を限定」）

参 p.149-150

❶ I was **happy to see** the clean kitchen. 私はきれいな台所を見てうれしかった。 ▶184.

❷ You were very **nice to drive** me home. ▶185.
家まで車で送ってくださるなんてあなたはとても親切でしたね。

❸ This cake is very **easy to make.** このケーキは作るのがとても簡単です。 ▶186.

❶「～して（うれしい）」：感情の生じた原因を表す。

❷「～するとは（…だ）」：判断を下した根拠を表す。
　❷＝How nice you were to drive me home!

❸「～するのが（…だ）」：どういう点で easy かを表す。
　❸＝It is very easy to make this cake.

確認！ Glad to meet you. / Nice to meet you. などの会話表現も覚えておこう。

B to-不定詞の意味上の主語

参 p.151

❹ **It** is **fun for** *me* **to send** an email in English to my Canadian friend. ▶187.
私はカナダ人の友だちに英語でＥメールを送るのが楽しい。

❺ **It** was **careless of** *you* **to leave** your umbrella in the train. ▶188.
かさを列車に置き忘れるとは，あなたも不注意でしたね。

❹ **It is ... for A to** ～：「Aが～することは…だ」（➡Les.13）

❺ **It is ... of A to** ～：「～するとはAは…だ」
　＝A is ... to ～：You were careless to leave ...（➡❷）

確認！ It is ... of A to ～. の「...」の部分にはAの性質・性格を表す形容詞がくる。

人の性質・性格を表す主な形容詞
kind [good, nice]（親切な），clever（賢い），foolish（愚かな），brave（勇敢な），careless（不注意な），honest（正直な），polite（礼儀正しい），impolite [rude]（無礼な）

C S＋V＋O＋to-不定詞

参 p.152-153

❻ Kathy **wants her parents to take** her to New York. ▶189.
キャシーは両親にニューヨークに連れて行ってもらいたがっている。

❼ Our teacher **told us to perform** an English play at the school festival. ▶190.
先生は私たちに，文化祭で英語劇をするようにと言いました。

❻ **want＋O＋to-不定詞**：「Oに～してもらいたい」（wish, prefer, expect など）

❼ **tell＋O＋to-不定詞**：「Oに～しなさいと言う」（ask, advise, require, recommend など）

allow＋O＋to-不定詞：「Oに～するのを許す［させる］」（cause, get, force, permit, persuade など）
　He doesn't allow anyone to smoke in his house.
　彼は自分の家の中ではだれにもタバコを吸わせない。

EXERCISES

1 次の各文を日本語に直しなさい。 A

1. We are happy to join your party this evening.

2. You were kind to give your seat to the old woman.

3. This book is hard to understand.

2 空所に for か of を補って日本語に直しなさい。 B

1. It was careless (　　　　　) you to forget your homework.

2. It is very important (　　　　　) you to keep this a secret.

3. It was foolish (　　　　　) me to ask him for help.

4. It is natural (　　　　　) parents to worry about their children.

3 (　　)内の語句を並べかえて，英文を完成させなさい。 C

1. あなたにはもっと慎重にしてほしい。
   I (be / to / you / want) more careful.

2. 医者は彼に休むように忠告した。
   The doctor (him / advised / take / to) a rest.

3. 健康のおかげで私は一生懸命に働ける。
   My health (work / me / to / enables) hard.

4. 私は父に駅まで車で連れていってほしいと頼んだ。
   I (asked / drive / my father / to) me to the station.

Lesson 15

不定詞(3)

☑不定詞を使ったさまざまな表現を理解し，使えるようになろう。

A S+V+O+動詞の原形

参 p.154-155

❶ The coach **made** us **run** every day. コーチは私たちを毎日走らせた。 ▶192.

❷ They **saw** Tom **get** into his car. 彼らはトムが車に乗り込むのを見た。 ▶195.

❶

使役動詞	O	動詞の原形	:「Oに～させる」
make	O	動詞の原形	:「(無理やりに)Oに～させる」
let			:「(許可を与えて)Oに～させ(てや)る」
have			:「Oに～させる[してもらう]」

Her father didn't let her go abroad.
彼女の父親は彼女を外国に行かせなかった。

She had her son clean up his room.
彼女は息子に部屋を掃除させました。

❷ **知覚動詞+O+動詞の原形**:「Oが～するのを知覚する」

確認! **知覚動詞**
see, watch, hear, feel, notice, look at, listen to

B too ... to ～と ... enough to ～

参 p.156-157

❸ My grandmother is **too** old **to travel** alone. ▶197.
私の祖母は年をとりすぎていて1人旅はできません。

❹ I was hungry **enough to eat** two hamburgers. ▶198.
ぼくはハンバーガーを2つ食べられるほどおなかがすいていました。

❸ too ... to ～ =so ... that+否定文
:「～するには…すぎる，…すぎて～できない」
: My grandmother is so old that she cannot travel alone.

❹ ... enough to ～ =so ... that+肯定文
:「～できるほど(十分に)…，(十分に)…なので～できる」
: I was so hungry that I could eat [I ate] two hamburgers.

C 疑問詞+to-不定詞

参 p.158

❺ I don't know **what to do.** 私は何をすればいいかわかりません。 ▶200.

❻ I'll show you **how to breakdance** for the school festival. ▶201.
文化祭のためにブレイクダンスの踊り方を教えてあげましょう。

❼ I don't know **whether to take** an umbrella **or not**. ▶202.
かさを持って行くべきかどうか私にはわからない。

疑問詞	to-不定詞

❺ **what to** ～:「何を～するべきか」

❻ **how to** ～:「どのように～するべきか，～しかた」

❼

whether	to-不定詞	(or not)

:「～するべきかどうか」

確認! 「疑問詞+to-不定詞」，「whether+to-不定詞」は名詞の働きをする。

EXERCISES

1 日本語の意味を表すように，空所に１語を補いなさい。 A

1. 父は私に車を洗わせた。
   My father made (　　　　) (　　　　) his car.
2. あなたがいつ来られるか知らせてください。
   Let (　　　　) (　　　　) when you will come.
3. アンは昨日友だちに夕食を作ってもらった。
   Ann (　　　　) her friend (　　　　) dinner yesterday.
4. 私は先生が私の名前を呼ぶのを聞いた。
   I (　　　　) the teacher (　　　　) my name.
5. 彼女が部屋から出るのを見ましたか。
   Did you (　　　　) (　　　　) (　　　　) out of the room?
6. 私はだれかが私の肩にさわるのを感じた。
   I (　　　　) (　　　　) (　　　　) my shoulder.

2 各組の文がほぼ同じ内容を表すように，空所に１語を補いなさい。 B

1. This coffee is too sweet for my father to drink.
   This coffee is (　　　　) sweet that my father (　　　　) drink it.
2. I'm sorry, but I can't go to the party tonight.　I'm too busy.
   I'm sorry, but I'm (　　　　) busy (　　　　) go to the party tonight.
3. My husband is strong enough to carry two suitcases.
   My husband is so strong (　　　　) he (　　　　) carry two suitcases.
4. I was so surprised that I could not say anything.
   I was (　　　　) surprised (　　　　) say anything.

3 日本語の意味を表すように，空所に１語を補いなさい。 C

1. このコンピュータの使い方がわかりません。
   I don't know (　　　　) to use this computer.
2. 彼はだれをパーティーに招待したらいいか迷っている。
   He wonders (　　　　) to invite to the party.
3. 私は笑ったらいいのか泣いたらいいのかわからなかった。
   I didn't know (　　　　) to laugh or cry.
4. パーティーに何を着て行くか選びましたか。
   Have you chosen (　　　　) to wear to the party?
5. 休暇にどこへ行くか決められませんでした。
   I could not decide (　　　　) to go on vacation.
6. どのバスに乗ればよいのか教えていただけますか。
   Could you tell me (　　　　) bus to take?

Lesson 16 動名詞

☑動名詞の基本用法を理解し，動名詞と to-不定詞の使い分けができるようになろう。

A 動名詞の基本用法

参 p.172-175

❶ **Parking** a car on the street is bad manners. ▶222.
道端に車を駐車することは悪いマナーです。

❷ Her share is **cleaning** the living room. 彼女の分担は，リビングの掃除をすることです。▶223.

❸ I'll start **keeping** a diary in English. 私は英語で日記をつけはじめるつもりです。▶224.

❹ I'm afraid **of making** mistakes when I speak English. ▶225.
私は英語を話すときに間違うのが怖い。

主語(❶)，補語(❷)，目的語(❸)，前置詞の目的語(❹)となる。

❸ **S+V+O(動名詞)**：=I'll start to keep a diary in English.

確認！

動名詞だけをOとする動詞
enjoy(楽しむ)，finish(終える)，put off(延期する)，stop [give up](やめる)，avoid(避ける)，deny(否定する)，admit(認める)，imagine(想像する)，mind(いやだと思う)，miss(～しそこなう)，practice(練習する)，suggest(提案する)

to-不定詞だけをOとする動詞(➡p.35)

Ann enjoys cooking dinner for her family. アンは家族のために夕食を作るのが楽しみです。
He hasn't finished studying yet tonight. 彼は今夜はまだ勉強を終えていません。
Don't put off going to see the dentist. 歯医者に診てもらうのを先に延ばすな。

❹ **前置詞+動名詞**：to-不定詞にはこの用法はない。
I'm looking forward to hearing from you soon.
すぐにあなたからお便りがあるのを楽しみにしています。

確認！ 前置詞 to+～ing に注意。
be used [accustomed] to ～ing(～することに慣れている)
object to ～ing(～することに反対する)

B S+V+O(動名詞と to-不定詞)

参 p.176-177

❺ I **remember crying** on my first day at school. ▶230.
私は初めて学校へ行った日に泣いたことを覚えています。

❻ Please **remember to mail** the letter. 忘れずに手紙を出してね。▶231.

❺ **remember ～ing**：「(過去に)～したことを覚えている」

❻ **remember to ～**：「～しなければならないことを覚えている」

forget(忘れる)，regret(残念に思う)も同じように使い分ける。

確認！ try にも注意。
try ～ing「ためしに～してみる」(実際に～する)
try to ～「～しようとする」(実際に～するかどうかは不明)

EXERCISES

1 次の各文の動名詞が(1)主語，(2)補語，(3)動詞の目的語，(4)前置詞の目的語のいずれの用法であるかを空所に番号を入れて答え，日本語に直しなさい。 **A**

1. One of my hobbies is collecting old coins. (　　　)

2. Don't worry about making a mistake. (　　　)

3. Getting up early is good for health. (　　　)

4. He enjoys listening to music while he's driving. (　　　)

2 (　　)内から適切なほうを選び，文を完成させなさい。 **A**

1. He walked out of the door without (to look / looking) back.
2. Stop (to talk / talking) in class. Listen to me quietly.
3. I promise (to come / coming) at ten tomorrow.
4. His son has decided (to become / becoming) an actor.
5. Do you mind (to turn / turning) the radio down?
6. He should avoid (to eat / eating) too much meat.
7. I'm used (to walk / to walking) because I don't have a car.

3 次の各文を日本語に直しなさい。 **B**

1. I remember lending you 1,000 yen.

2. Did you remember to water the flowers?

3. I'll never forget visiting Paris last summer.

4. We regret to say that we are unable to help you.

5. She tried to avoid answering my question.

6. I tried calling her, but she didn't answer.

Lesson 17 分詞 (1)

☑名詞を修飾したり動詞の補語になる現在分詞・過去分詞の用法について理解しよう。

A 名詞を修飾する現在分詞

参 p.186

❶ The **fighting men** are very big. 戦っている男の人たちはとても大きい。 ▶238.

❷ **The girl practicing** *kendo over there* is my sister. ▶239.
あそこで剣道の練習をしている女の子は私の妹です。

現在分詞は「～している」という意味を表し，名詞を修飾する。

❶ **現在分詞＋名詞**：分詞が単独で名詞を修飾するときは，名詞の直前に置かれる。

The | fighting | men

❷ **名詞＋現在分詞 ...**：分詞がほかの語句を伴って名詞を修飾するときは，名詞の後ろに置かれる。

The girl | practicing *kendo over there*

B 名詞を修飾する過去分詞

参 p.187

❸ **Recycled paper** is widely used today. 再生紙は今日広く使われています。 ▶240.

❹ He's **a sumo wrestler loved** *by many people*. ▶241.
彼は多くの人たちに愛されている相撲取りです。

❸ **過去分詞＋名詞**：「～された…」 Recycled | paper

❹ **名詞＋過去分詞 ...**： a sumo wrestler | loved *by many people*

C 補語となる分詞

参 p.189-190

❺ The old lady **sat reading** a book by the fire. ▶244.
その老婦人は暖炉のそばに座って，本を読んでいた。

❻ Ann **felt hurt** at Bob's words. アンはボブの言葉に心を傷つけられた。 ▶245.

❼ He **kept** *me* **waiting** in the rain. 彼は私を雨の中待たせた。 ▶246.

❽ He **left** *his car* **unlocked**. 彼はロックしないで車を離れた。 ▶247.

S＋V＋C（分詞）：「S＝C」の関係が隠れていることに注意。

❺ ⇐ The old lady was reading a book by the fire.
❻ ⇐ Ann was hurt at Bob's words.

S＋V＋O＋C（分詞）：「O＝C」の関係が隠れていることに注意。

❼ ⇐ I was waiting in the rain.
❽ ⇐ His car was unlocked.

EXERCISES

1 次の各組の文を分詞を用いて１文にしなさい。 A B

1. Do you know the woman? + She is walking across the street.

2. Can you see the man? + He is lying on the ground over there.

3. Many of the apples come from Nagano. + They are consumed in Japan.

4. I received a letter. + It was written in English.

5. The hotel is now open. + It was damaged by the typhoon.

2 次の各文の（　）内に，［　］の語群から適切な動詞を選び，現在分詞か過去分詞にして補いなさい。 A B

1. Last night I saw a number of (　　　　　) stars.
2. Mike is the boy (　　　　　) the green pants.
3. I bought a (　　　　　) car yesterday.
4. English is a language (　　　　　) all over the world.
5. I ate a (　　　　　) egg for breakfast this morning.

[boil / speak / fall / wear / use]

3 次の各文の（　）内の動詞を現在分詞または過去分詞に直しなさい。 C

1. 鳥たちは私の部屋の窓辺に飛び跳ねながらやって来た。
   The birds came (hop) around my window. (　　　　　)
2. その俳優はファンたちに囲まれて座っていた。
   The actor sat (surround) by his fans. (　　　　　)
3. ミカはその知らせに驚いたようだった。
   Mika seemed (surprise) at the news. (　　　　　)
4. 彼は電車で本を読みながら立っていた。
   He stood (read) a book on the train. (　　　　　)
5. すぐにこの手紙をコピーしてもらいたい。
   I want this letter (copy) at once. (　　　　　)
6. 彼女は私を駅で30分待たせた。
   She kept me (wait) for half an hour at the station. (　　　　　)

Lesson 18 分詞 (2)

☑分詞構文のしくみを理解し，分詞構文を使ってさまざまな意味を表せるようになろう。

A 分詞構文の考え方

参 p.194-195

❶ **Turning** on the TV, Ann sat down on the sofa. ▶253.
テレビをつけて，アンはソファーに座った。

❷ **Written** in easy English, this book is suitable for beginners. ▶255.
やさしい英語で書かれているので，この本は初心者向きである。

分詞構文：同じ主語・同じ時制で表される 2 つの文の一方が，現在分詞や過去分詞で始まる句で表現される。

❶ { Ann turned on the TV.（→ Turning on the TV）
Ann sat down on the sofa.

❷ { This book is written in easy English.（→ Written in ...）
This book is suitable for beginners.

確認！ **分詞構文の作り方**
能動態の文：現在分詞で始める。
受動態の文：過去分詞で始める。

2 つの文の意味のつながりは，接続詞を用いて書きかえると，たとえば次のようになる。

Turning on（=When she turned on）the TV, Ann sat down on the sofa.
Written（=Because it is written）in easy English, this book is suitable for beginners.

B 分詞構文の表す意味

参 p.196-197

❸ The boy rowed the boat, **singing** a song. ▶257.
少年は歌を歌いながらボートをこいだ。

❹ **Walking** along the street yesterday, I met Sally. ▶258.
昨日通りを歩いていて，私はサリーに出会った。

❺ **Hearing** the doorbell, Ann ran to open the door. ▶259.
玄関のベルの音を聞いて，アンはドアを開けようと走って行った。

❻ **Having** nothing to do, I watched TV. ▶260.
することがなかったので，私はテレビを見た。

❸ **同時に起こることがら：「～しながら（…する）」**

❹ **時：「～していたときに（…する），～していて（…する）」**
❹=When［While］I was walking along the street yesterday, I met Sally.

❺ **連続して起こることがら：「～して（…する）」。分詞構文が第 1 の動作を表す。**
❺=Ann heard the doorbell, and ran to open the door.
連続して起こることがら：「（…して）～する」。分詞構文が第 2 の動作（結果）を表す。
I fell, striking my head against the door. 私はころんで，ドアに頭をぶつけた。
=I fell, and struck my head against the door.

❻ **理由：「～なので（…）」**
❻=Because I had nothing to do, I watched TV.

EXERCISES

1 第1文を分詞構文に変え，第2文と結んで1文にしなさい。 A

1. I opened the door.
   I found a stranger standing.

2. Our house was painted white.
   Our house looked quite new.

3. He left early in the morning.
   He arrived there late at night.

2 各組の文がほぼ同じ内容を表すように，空所に1語を補いなさい。 A B

1. Entering the room, I fell over the cat.
   When (　　　) (　　　) the room, I fell over the cat.
2. Being very busy, he didn't have lunch yesterday.
   Because (　　　) (　　　) very busy, he didn't have lunch yesterday.
3. The typhoon hit the city, causing great damage.
   The typhoon hit the city, and (　　　) great damage.
4. Left alone in the room, she began to cry.
   When she (　　　) (　　　) alone in the room, she began to cry.

3 次の各文を日本語に直しなさい。 B

1. My mother is cooking in the kitchen, singing a song.
2. Playing tennis, Jim hurt his arm.
3. Saying goodbye to Mr. Jones, I left his home.
4. We ran all the way, arriving at the station in time.
5. Written in English, this book is difficult to read.

Lesson 19 比較 (1)

☑原級・比較級を使って２つのものを比較する文を書けるようになろう。

A 比較変化

参 p.210-212

❶ Russia is a very **large** country.　ロシアはとても大きな国である。　▶272.

❷ Russia is **larger than** Canada.　ロシアはカナダよりも大きい。　▶273.

❸ Russia is **the largest** country in the world.　ロシアは世界で一番大きな国である。　▶274.

「…よりも～」「…で一番～」などと比較する際には，形容詞や副詞を比較級(❷)，最上級(❸)に変化させる。元の形を原級(❶)という。(➡p.78)

B A ... as＋原級＋as B

参 p.213

❹ I'm **as happy as** you.　私はあなたと同じくらいうれしいです。　▶275.

❺ Rome is an old city, but it's **not as old as** Athens.　▶276.
ローマは古い都市だが，アテネほど古くはない。

❹ **A ... as＋原級＋as B**：「AはBと同じぐらい～である」(A＝B)

❺ **A ... not as [so]＋原級＋as B**：「AはBほど～でない」(A<B)

A is not as [so] old as B.

A is not as [so] large as B.

C A ... 比較級＋than B

参 p.214-215

❻ Health is **more important than** money.　健康はお金よりも大切である。　▶277.

❼ My father is **three years older than** my mother.　父は母より３歳年上です。　▶279.

❻ **A ... 比較級＋than B**：「AはBよりも～」(A>B)

	much	比較級	はるかに[ずっと]～
	a little [a bit]		少しだけ～
❼	数量を表す語句		…だけ～

確認！ much 以外に far, a lot, even, still なども比較級を強める。

A is much taller than B.

A is a little taller than C.

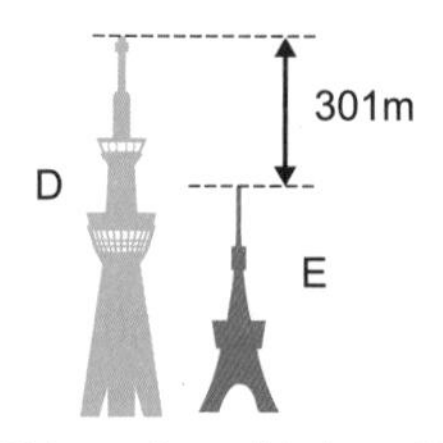

D is 301 meters higher than E.

EXERCISES

1 次の語の比較級と最上級を書きなさい。 A

1. tall　比較級：(　　　　)　最上級：(　　　　)
2. heavy　比較級：(　　　　)　最上級：(　　　　)
3. big　比較級：(　　　　)　最上級：(　　　　)
4. beautiful　比較級：(　　　　)　最上級：(　　　　)
5. good　比較級：(　　　　)　最上級：(　　　　)
6. many　比較級：(　　　　)　最上級：(　　　　)

2 日本語の意味を表すように，空所に１語を補いなさい。 B

1. トムは12歳だが父親と同じくらい背が高い。
   Tom is twelve years old, but he is (　　　　) (　　　　) (　　　　) his father.
2. あの犬を見てよ。小馬くらいの大きさだ。
   Look at that dog.　It's (　　　　) (　　　　) (　　　　) a pony.
3. ぼくはケンほどに上手に英語を話せない。
   I (　　　　) speak English (　　　　) well (　　　　) Ken.
4. この本はきみが考えるほどやさしくない。
   This book is (　　　　) (　　　　) (　　　　) as you think.

3 次の各文の(　　)内の語を，適切な形に直しなさい。 C

1. My brother is (young) than Bob's sister.　(　　　　)
2. My homework is (difficult) than yours.　(　　　　)
3. Jane can sing much (well) than Mary.　(　　　　)
4. This morning I got up a little (late) than yesterday.　(　　　　)

4 絵に合うように，空所に１語を補いなさい。 B C

1.　　2.　　3.

1. Ken is (　　　　) (　　　　) Mike.
2. Lucky is not (　　　　) big (　　　　) Sam.
3. Mary has (　　　　) books (　　　　) Ann.

Lesson 20 比較 (2)

☑「…で一番～」という最上級の文を書けるようになろう。

A the＋最上級＋in [of] ...

参 p.216-217

❶ Mary is **the tallest** girl **in** our class. ▶280.
メアリーは私たちのクラスの中で一番背が高い女の子です。

❷ Bob likes history (**the**) **best of** all subjects. ▶281.
ボブはすべての科目の中で歴史が一番好きだ。

❸ Alaska is **much** [**by far**] **the largest** state **in** the USA. ▶282.
アラスカは合衆国でずば抜けて大きな州である。

❶	the＋最上級	in	場所 (the USA)，集団 (our class)
❷		of	複数のもの (all subjects)

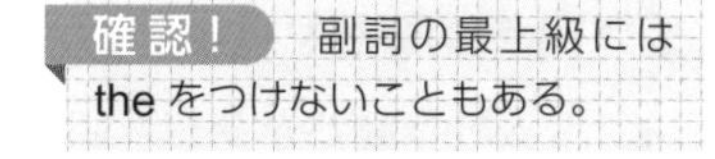
確認！ 副詞の最上級には the をつけないこともある。

❸ **much** [**by far**] **＋the＋最上級**：「ずば抜けて (一番) ～」

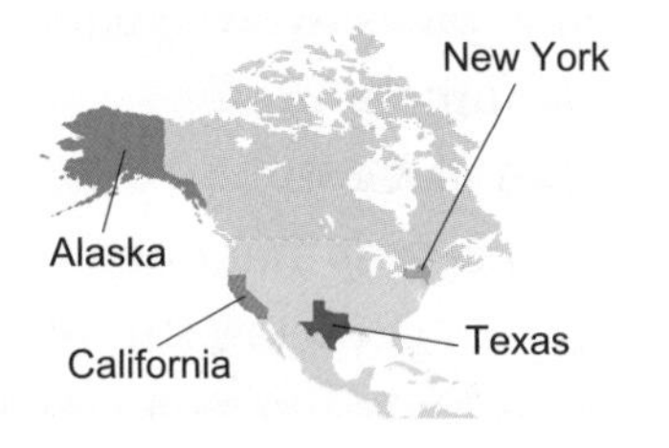

B 最上級の意味を表す比較表現

参 p.218-219

❹ **No** (**other**) state in the USA is **as large as** Alaska. ▶284.
合衆国の (ほかの) どの州もアラスカほど大きくはない。

❺ **No** (**other**) state in the USA is **larger than** Alaska. ▶285.
合衆国の (ほかの) どの州もアラスカより大きくはない。

❻ Alaska is **larger than any other** state in the USA. ▶286.
アラスカは合衆国のほかのどの州よりも大きい。

最上級の意味を，原級や比較級を使って表すこともできる。

❹❺❻ → Alaska is the largest state in the USA.
アラスカは合衆国で一番大きな州だ。

❹ **No** (**other**) **A ... as＋原級＋as B**：「(ほかの) どのＡもＢほど～でない，Ｂほど～なＡはない」

❺ **No** (**other**) **A ... 比較級＋than B**：「(ほかの) どのＡもＢより～でない，Ｂより～なＡはない」

❻ **B ... 比較級＋than any other A**：「Ｂはほかのどのａよりも～である」

確認！ 〈No (other) A〉，〈any other A〉の「A」の部分には単数名詞がくることに注意。

「今までに～した中で一番…」という経験は，次の３つのパターンで表現できる。

This is the worst mistake (that) I've ever made.
これは私が今までにした中で一番ひどい間違いです。

I've never made { such a bad mistake as this. 私はこれほどひどい間違いはしたことがありません。
I've never made { a worse mistake than this. 私はこれよりもひどい間違いはしたことがありません。

EXERCISES

1 日本語の意味を表すように，空所に１語を補いなさい。 A

1. サハラ砂漠は世界最大の砂漠です。
   The Sahara is the (　　　　　) desert (　　　　　) the world.
2. 鉄はすべての金属のうちで最も役に立ちます。
   Iron is the (　　　　　) (　　　　　) of all metals.
3. 今日は一年で一番寒い。
   Today is the (　　　　　) day (　　　　　) the year.
4. ここは町でずば抜けてよいホテルです。
   This is (　　　　　) (　　　　　) the (　　　　　) hotel in town.

2 (　　)内から適切なほうを選び，文を完成させなさい。 A

1. The Nile is the longest river (in / of) the world.
2. I like peaches the best (in / of) all fruits.
3. Yumi is the youngest (in / of) the three.
4. His brother runs the fastest (in / of) his class.
5. This is the heaviest (in / of) all the bags.

3 各組の文がほぼ同じ内容を表すように，空所に１語を補いなさい。 B

1. { No other planet in the solar system is as large as Jupiter.
   { Jupiter is (　　　　　) (　　　　　) (　　　　　) in the solar system.
2. { Jack is the tallest boy in his class.
   { Jack is taller than (　　　　　) (　　　　　) (　　　　　) in his class.
3. { Health is the most important of all.
   { Nothing is more important (　　　　　) (　　　　　).

4 絵に合うように，空所に１語を補いなさい。 A B

1. A is bigger than C, but B is (　　　　　) (　　　　　) of all.
2. A is longer than B, but C is (　　　　　) (　　　　　) of all.
3. Nothing is (　　　　　) heavy (　　　　　) B.
4. (　　　　　) is older (　　　　　) anyone else.

Get Ready 4 後ろから名詞を修飾するパターン

A 前置詞句

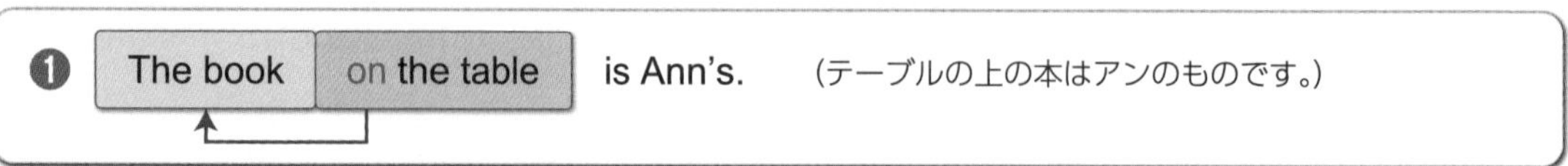

英語では，2つ以上の語がまとまって名詞を修飾するときは，必ず名詞の後ろに置かれます。

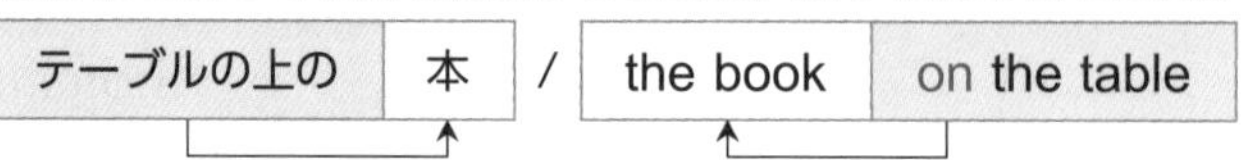

CHECK 1 (　　)内の語句を，文中の適切な箇所に入れなさい。

1. The picture was painted by my mother. (on the wall)

2. I don't like stories. (with unhappy endings)

B to-不定詞 / 分詞句

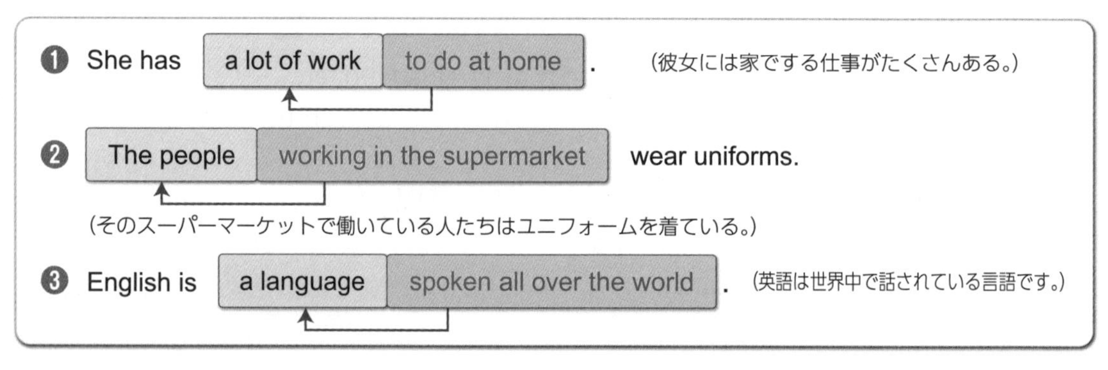

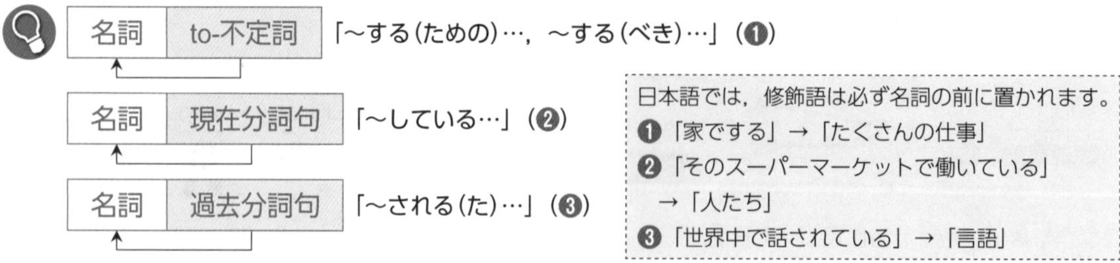

CHECK 2 (　　)内の語句を，文中の適切な箇所に入れなさい。

1. Would you like something? (to drink)

2. The man is a doctor. (having lunch at the next table)

C 関係代名詞

❶ I met a girl at the party. (ぼくはパーティーである女の子と会いました。)

❷ I met a girl at the party. She likes soccer very much.
(ぼくはパーティーである女の子に会いました。彼女はサッカーが大好きです。)

❸ I met a girl who likes soccer very much at the party.
(ぼくはパーティーでサッカーが大好きな女の子に会いました。)

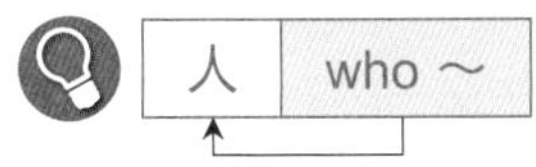

❶の a girl では,「どんな女の子」なのかよくわかりません。❷では She を用いて, 別の文で説明しています。この She を who に変えて, a girl に続けると, ❸の文ができあがります。「人」について,「～する人」を表現したいときは, who を用います。

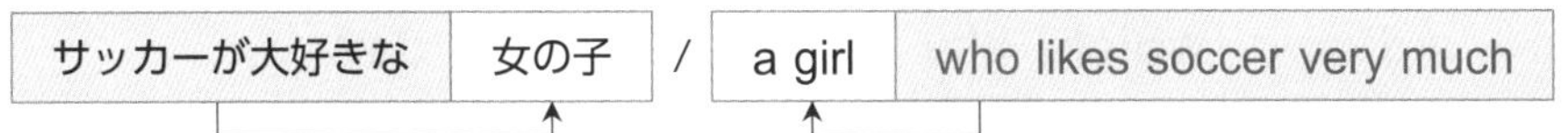

CHECK 3 次の 2 文を, who を用いて 1 文にしなさい。

1. I met a woman. She can speak six languages.

....

2. I have a friend. He is very good at repairing cars.

....

❹ Soccer is a sport. It is played by two teams of 11 players.
(サッカーはスポーツです。それは11人の選手の２チームで行われます。)

❺ Soccer is a sport which is played by two teams of 11 players.
(サッカーは11人の選手の２チームで行われるスポーツです。)

❹の It を which に変えて, a sport に続けると, ❺の文ができあがります。「物」について,「～する物」と表現したいときは, which を用います。

CHECK 4 次の 2 文を, which を用いて 1 文にしなさい。

1. Jim is wearing a hat. It is too big for him.

....

2. I like stories. They have happy endings.

....

Lesson 21 関係詞 (1)

☑関係代名詞（主格・目的格・所有格）の用法や意味を理解し，使えるようになろう。

A 関係代名詞 who, which（主格）

参 p.258

❶ I have *a friend* **who lives in Spain.** 私にはスペインに住む友だちがいます。 ▶351.

❷ Do you know *any Japanese festivals* **which are popular in other countries**?
海外で人気のある日本の祭りを何か知っていますか。 ▶352.

❶	人	who [that] ...	: I have *a friend* (+ He / She lives in Spain.).
❷	(人以外の) 物	which [that] ...	: *any Japanese festivals* (+ They are popular in ....)

B 関係代名詞 who [whom], which（目的格）

参 p.259

❸ This is *the person* (**who [whom]**) **I met on my trip to Europe.** ▶353.
こちらは，私がヨーロッパ旅行で出会った人です。

❹ This is *a picture* (**which**) **she sent me the other day.** ▶354.
これは，彼女が先日私に送ってくれた写真です。

関係代名詞の目的格は省略されることが多い。

❸	人	who [whom] ...	: *the person* (+ I met him / her on my trip to Europe.)
❹	(人以外の) 物	which ...	: *a picture* (+ She sent me the picture the other day.)

C 関係代名詞 whose（所有格）

参 p.260

❺ Do you know *anyone* **whose dream is like mine**? ▶355.
私の夢と同じような夢を持っている人をだれか知っていますか。

❺	人	whose＋名詞 ...	: Do you know *anyone* (+ His / Her dream is like mine.)?

「(人以外の) 物」についても，whose を用いることがある。
This is *a poem* whose writer is not known.
これは作者が不明の詩です。

確認！ 「物」を受ける whose は実際にはあまり用いられることはない。

D 関係代名詞 that

参 p.261

❻ You are *the only person* **that can help me.** ▶357.
私を助けることができるのはあなただけです。

次のような場合には that が好んで用いられる。

先行詞が「唯一」	the only (❻), the same (同じ…), the very (まさにその…), the first [second, ..., last], the＋最上級
先行詞が「全・無」	all ...., every ...., no ...., everything, everybody [everyone], anything, anybody [anyone], nothing, nobody [no one]

EXERCISES

1 次の各組の文を関係代名詞を用いて１文にしなさい。 A

1. The boy ran away. + He broke the window.

2. This is the book. + It was on the table yesterday.

3. You cannot park in an area. + It has a "No Parking" sign.

2 (　　)内の語句を並べかえて，英文を完成させなさい。 B

1. 今私が読んでいる手紙は，ニュージーランドのホストファミリーから来たものです。
   (am reading / I / now / the letter) is from my host family in New Zealand.

2. 私が買いたかった時計は高すぎた。
   The watch (buy / I / to / wanted / was) too expensive.

3. 私たちがパーティーで出会った人たちはとても親切でした。
   (at / met / the party / the people / we) were very friendly.

3 次の各組の文を関係代名詞を用いて１文にしなさい。 C

1. Look at the house. + Its roof is painted blue.

2. Do you know the girl? + Her brother is a famous actor.

4 次の 1. ～ 5. に続くものを a. ～ e. から選び，その記号を空所に書きなさい。 D

1. I can't lend you the only pen (　　　　)
2. The child wants everything (　　　　)
3. This is the longest novel (　　　　)
4. I'm afraid there is nothing (　　　　)
5. She is one of the greatest singers (　　　　)

a. that he sees.　　b. that have ever lived.　　c. that I have.
d. that I have ever read.　　e. that I can do for you.

Lesson 22 関係詞 (2)

☑関係代名詞 what や関係副詞の用法や意味を理解し，使えるようになろう。

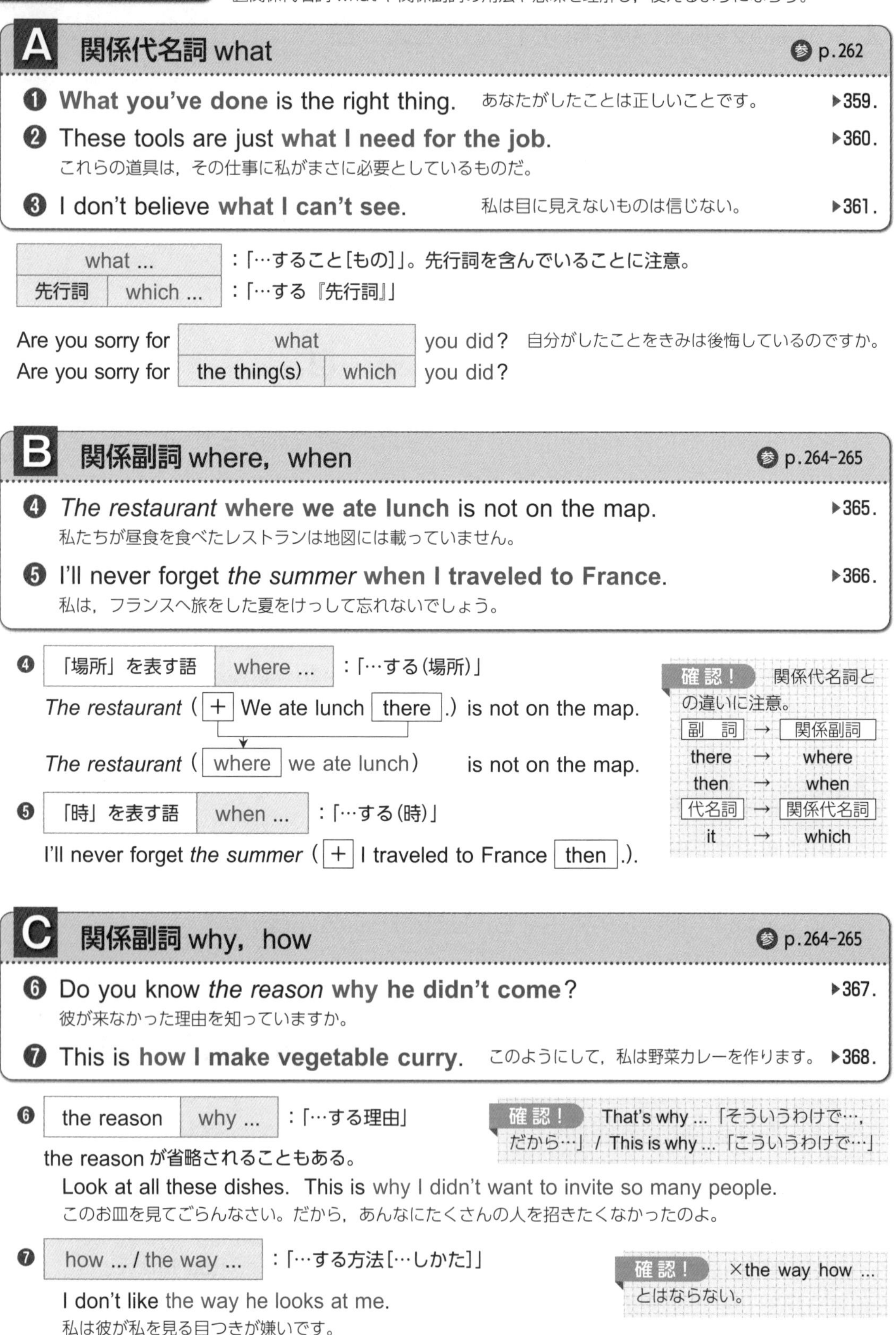

A 関係代名詞 what

参 p.262

❶ **What you've done** is the right thing. あなたがしたことは正しいことです。 ▶359.

❷ These tools are just **what I need for the job**. ▶360.
これらの道具は，その仕事に私がまさに必要としているものだ。

❸ I don't believe **what I can't see**. 私は目に見えないものは信じない。 ▶361.

what ...		:「…すること[もの]」。先行詞を含んでいることに注意。
先行詞	which ...	:「…する『先行詞』」

Are you sorry for [what] you did? 自分がしたことをきみは後悔しているのですか。
Are you sorry for [the thing(s)] [which] you did?

B 関係副詞 where, when

参 p.264-265

❹ *The restaurant* **where we ate lunch** is not on the map. ▶365.
私たちが昼食を食べたレストランは地図には載っていません。

❺ I'll never forget *the summer* **when I traveled to France**. ▶366.
私は，フランスへ旅をした夏をけっして忘れないでしょう。

❹ [「場所」を表す語] [where ...] :「…する(場所)」

The restaurant ([+] We ate lunch [there] .) is not on the map.

The restaurant ([where] we ate lunch) is not on the map.

❺ [「時」を表す語] [when ...] :「…する(時)」

I'll never forget *the summer* ([+] I traveled to France [then] .).

確認！ 関係代名詞との違いに注意。

副　詞	→	関係副詞
there	→	where
then	→	when
代名詞	→	関係代名詞
it	→	which

C 関係副詞 why, how

参 p.264-265

❻ Do you know *the reason* **why he didn't come**? ▶367.
彼が来なかった理由を知っていますか。

❼ This is **how I make vegetable curry**. このようにして，私は野菜カレーを作ります。 ▶368.

❻ [the reason] [why ...] :「…する理由」

the reason が省略されることもある。

Look at all these dishes. This is why I didn't want to invite so many people.
このお皿を見てごらんなさい。だから，あんなにたくさんの人を招きたくなかったのよ。

確認！ That's why ...「そういうわけで…，だから…」/ This is why ...「こういうわけで…」

❼ [how ... / the way ...] :「…する方法[…しかた]」

I don't like the way he looks at me.
私は彼が私を見る目つきが嫌いです。

確認！ ×the way how ... とはならない。

EXERCISES

1 次の各文を関係代名詞 what に注意して，日本語に直しなさい。 A

1. What you have said is right. I agree with you.

2. A good rest is what you need most.

3. Do you believe what she told you?

2 次の各組の文を関係副詞を用いて 1 文にしなさい。 B

1. He still lives in the house. ＋ He was born there.

2. Sunday is the day. ＋ I can relax then.

3. Can you imagine the days? ＋ There were no cars then.

3 (　　)内から適切なほうを選び，文を完成させなさい。 B

1. 私たちが滞在したホテルはあまりきれいではなかった。
   The hotel (where / which) we stayed wasn't very clean.
2. あなたが探しているホテルは通りを曲がったところにあります。
   The hotel (where / which) you're looking for is around the corner.
3. 私たちが初めて出会った日を今でも覚えていますか。
   Do you still remember the day (when / which) we first met?
4. 私たちが浜辺で過ごした日を今でも覚えていますか。
   Do you still remember the day (when / which) we spent on the beach?

4 日本語の意味を表すように，空所に 1 語を補いなさい。 C

1. 彼女がぼくのことを好きにならない理由がきみにはわかりますか。
   Do you know the (　　　　　) (　　　　　) she doesn't like me?
2. こうやって私はその試験に備えたのです。
   This is (　　　　　) I prepared for the exam.
3. 猫がお互いの体をきれいにしあうしかたをじっくりと見たことがありますか。
   Have you ever watched the (　　　　　) cats wash each other?

Lesson 23 仮定法

☑仮定法を使って，事実に反する仮定・想像・願望を表現できるようになろう。

A 仮定法過去

参 p.282

❶ **If** I **had** enough money, I **would buy** a new car. ▶386.

十分なお金があれば，私は新車を買うのだが。

❷ **If** Tom **were** here, I **could explain** it to him myself. ▶387.

トムがここにいれば，私はそのことを自分で彼に説明できるのですが。

❶❷ 現在の事実の反対

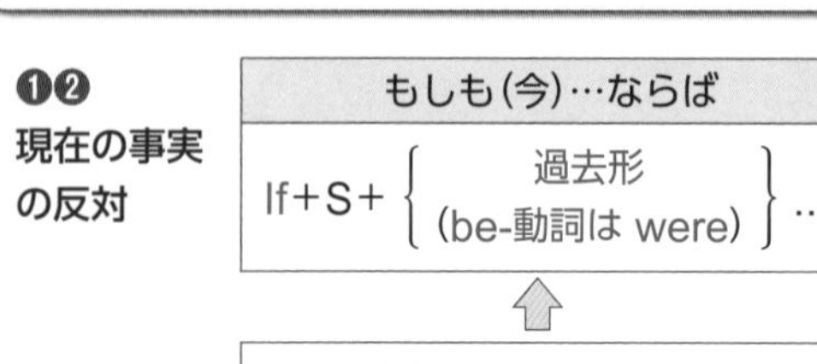

もしも(今)…ならば

If＋S＋{過去形 (be-動詞は were)} …,

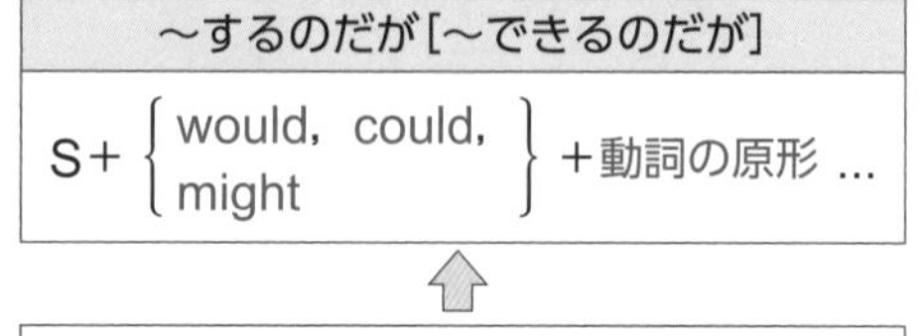

～するのだが[～できるのだが]

S＋{would, could, might} ＋動詞の原形 …

現在の事実

I don't have enough money.
Tom isn't here.

I won't buy a new car.
I can't explain it to him myself.

B 仮定法過去完了

参 p.283

❸ **If** we **had had** a map, we **wouldn't have lost** our way. ▶388.

地図を持っていたら，私たちは道に迷うこともなかったのに。

❸ 過去の事実の反対

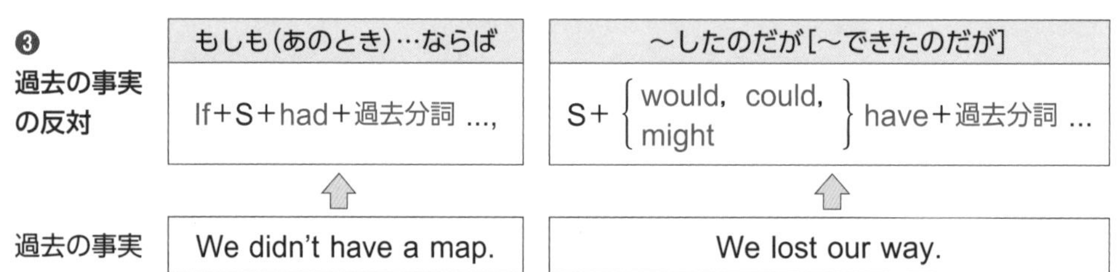

もしも(あのとき)…ならば

If＋S＋had＋過去分詞 …,

～したのだが[～できたのだが]

S＋{would, could, might} have＋過去分詞 …

過去の事実

We didn't have a map.

We lost our way.

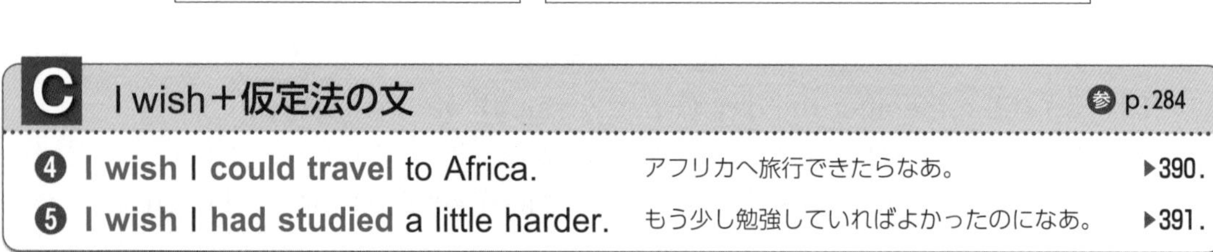

C I wish＋仮定法の文

参 p.284

❹ **I wish** I **could travel** to Africa. アフリカへ旅行できたらなあ。 ▶390.

❺ **I wish** I **had studied** a little harder. もう少し勉強していればよかったのになあ。 ▶391.

❹ **I wish＋仮定法過去**：「(今)…であればなあ」← I can't travel to Africa.

❺ **I wish＋仮定法過去完了**：「(あのとき)…であったらなあ」← I didn't study hard.

D 未来のことを表す仮定法

参 p.285

❻ **If** you **found** $1,000 on the street, what **would** you **do**? ▶393.

通りで1,000ドルを見つけたら，あなたはどうしますか。

❻ **「(こんなことは起こらないと思うが)もしも(万が一)…すれば，～」**：仮定法過去を用いる。
If＋S＋should ～や If＋S＋were to ～のパターンでも表現できる。

EXERCISES

1 次の各文の(　　)内の語を適切な形にして，全文を日本語に直しなさい。 A

1. If I (have) enough money, I could buy a computer. (　　　　)

2. If I (know) her telephone number, I would call her. (　　　　)

3. If she (is) not so shy, she would have more friends. (　　　　)

2 各組の文がほぼ同じ内容を表すように，空所に 1 語を補いなさい。 B

1. He didn't take the plane, so he wasn't killed in the accident.
   If he (　　　　) taken the plane, he (　　　　) (　　　　) been killed in the accident.

2. You couldn't catch the train because you didn't hurry.
   You could (　　　　) (　　　　) the train if you (　　　　) hurried.

3. It didn't rain yesterday, so we didn't cancel our tennis match.
   If it (　　　　) rained yesterday, we might (　　　　) (　　　　) our tennis match.

3 次の各文を仮定法を用いて書きかえなさい。 C

1. I'm sorry I can't help you.
   I wish ＿＿＿＿＿＿＿＿.

2. I'm sorry I didn't ask her name and address.
   I wish ＿＿＿＿＿＿＿＿.

3. I'm sorry I didn't learn to play the piano.
   I wish ＿＿＿＿＿＿＿＿.

4 日本語の意味を表すように，空所に 1 語を補いなさい。 D

1. あなたの庭で恐竜を見たら，あなたはどうしますか。
   If you (　　　　) a dinosaur in your garden, what (　　　　) you do?
2. 万が一だれかから電話があったら，伝言を聞いておいてください。
   If anyone (　　　　) call, please take a message.
3. 世界中の氷が溶けるようなことがあれば，どうなるのでしょうか。
   If all the ice in the world (　　　　) (　　　　) melt, what would happen?

Optional Lesson 1 接続詞

☑等位接続詞や，名詞節・副詞節を導く接続詞の種類を理解し，使えるようになろう。

A and, or, but を用いた重要表現

参 p.234-236

❶ **Take** this medicine, **and** you'll feel better. ▶309.
この薬を飲みなさい。そうすれば気分がよくなるでしょう。

❷ The students must take **either French or German**. ▶312.
学生はフランス語かドイツ語のどちらかをとらなければなりません。

❸ A whale is **not** a fish **but** a mammal. クジラは魚ではなくてほ乳類である。 ▶315.

❶ **命令文, and ...**：「～しなさい。そうすれば…」/ **命令文, or ...**：「～しなさい。そうしないと…」
Hurry up, or you'll be late. 急ぎなさい。そうしないと遅れますよ。

❷ **either A or B**：「AかBかどちらか(一方)」
both A and B：「AもBも両方とも」/ **neither A nor B**：「AもBも両方とも…ない」

❸ **not A but B**：「AではなくてB」/ **not only A but (also) B**：「AだけでなくBもまた」
Shakespeare was not only a writer but also an actor.
シェークスピアは作家であるだけでなく俳優でもあった。

B 名詞節を導く接続詞

参 p.238-239

❹ *It* is nice **that tomorrow is a holiday**. 明日が祝日なのはすてきだ。 ▶320.

❺ She asked me **whether [if] I had a driver's license**. ▶323.
彼女は私に運転免許証を持っているかどうか尋ねた。

❹ **that ...**：「…ということ」

❺ **whether ...**：「…かどうか」。動詞の目的語となるときは，if(…かどうか)もよく用いられる。

C 副詞節を導く接続詞

参 p.240-247

❻ We waited in the cafeteria **until [till] it stopped raining**. ▶329.
私たちは雨がやむまでカフェテリアで待った。

❼ The boy was scolded **because he was late**. ▶331.
その少年は遅刻したのでしかられました。

❽ **If you are right**, then everyone else is wrong. ▶334.
もしもきみが正しいなら，それならばほかのみんなが間違っていることになる。

❻ **「時」**： when(…するとき)，while(…する間)，before(…する前に)，after(…した後で)，until [till](…するまで)，since(…して以来)

❼ **「原因・理由」**：because(…なので)，since [as](…なので)

❽ **「条件」**： if(もしも…ならば)，unless(もしも…ないならば)
「譲歩」： although [though](…だけれども)
「目的」： so that ... can [will] ～(…が～できる[～する]ように)
「結果・程度」：so ... that ～(とても…なので～，～するほど…)

EXERCISES

1 各組の文がほぼ同じ内容を表すように，空所に１語を補いなさい。 A

1. { If you try hard, you'll pass the exam.
   ( ) hard, ( ) you'll pass the exam.
2. { If you don't watch your step, you'll slip.
   ( ) your step, ( ) you'll slip.
3. { Susan can sing well, and she can also dance well.
   Susan can ( ) sing ( ) dance well.
4. { The hotel wasn't clean. And it wasn't comfortable.
   The hotel was ( ) clean ( ) comfortable.

2 適切な接続詞を用いて，( )内の文をはめ込みなさい。 B

1. Do you believe (There is life after death.)?

   ----
2. I wonder (Does she know we're here?).

   ----
3. We were surprised at the fact (He is blind.).

   ----

3 次の各文の( )内に，[ ]の語群から適語を選んで補いなさい。 C

1. ( ) I get up in the morning, I usually drink a cup of coffee.
2. Don't go out yet. Wait ( ) the rain stops.
3. Three years have passed ( ) he left Japan for America.
4. You can use my racket ( ) you return it tomorrow.
5. ( ) he is too busy, he will accept our invitation.
6. We couldn't go on a picnic ( ) it was raining.

   [because / since / until / unless / when / if]

4 各組の文がほぼ同じ内容を表すように，空所に１語を補いなさい。 C

1. { He is old, but he is still working at the factory.
   ( ) he is old, he is still working at the factory.
2. { I left at 6:00 in order to catch the train.
   I left at 6:00 ( ) ( ) I ( ) catch the train.
3. { He was very angry, so he couldn't speak.
   He was ( ) angry ( ) he couldn't speak.

Optional Lesson 2

話法

☑平叙文・疑問文・命令文で，直接話法⇔間接話法の書きかえができるようになろう。

A 話法の転換：平叙文の場合

参 p.299

❶ Tom **said**, "**I have** a stomachache."　トムは「おなかが痛い。」と言いました。 ▶411.

❷ Tom **said** (**that**) **he had** a stomachache.　トムはおなかが痛いと言いました。 ▶412.

❸ His mother **said to** him, "**You can't** go to school." ▶413.
彼のお母さんは彼に「学校へ行ってはいけませんよ。」と言いました。

❹ His mother **told** him (**that**) **he couldn't** go to school. ▶414.
彼のお母さんは彼に学校へ行ってはいけないと言いました。

said, "..." (❶)　→ said (that) ... (❷)
said to A, "..." (❸)　→ told A (that) ... (❹)

B 話法の転換：疑問文の場合

参 p.300

❺ He **said to** her, "**Did you watch** the baseball game?" ▶415.
彼は彼女に「野球の試合を見ましたか。」と言った。

❻ He **asked** her **if** [**whether**] **she had watched** the baseball game. ▶416.
彼は彼女に野球の試合を見たかどうか尋ねた。

❼ She **said**, "***When* does the movie begin**?" ▶417.
彼女は「いつ映画は始まるのですか。」と言った。

❽ She **asked when the movie began**.　彼女はいつ映画は始まるのかと尋ねた。 ▶418.

Yes / No-疑問文(❺)　→ asked (A) if [whether]＋S＋V (❻)
疑問詞疑問文(❼)　→ asked (A) 疑問詞＋S＋V (❽)

C 話法の転換：命令文の場合

参 p.301

❾ The teacher **said to** us, "**Listen** carefully." ▶419.
先生は私たちに「注意して聞きなさい。」と言った。

❿ The teacher **told** us **to listen** carefully. ▶420.
先生は私たちに注意して聞くようにと言った。

「命令」(❾) → told A (not) to ～ (❿)
「依頼」　→ asked A (not) to ～
「忠告」　→ advised A (not) to ～

確認！ 命令文に please をつけたり，Will you ～? などの形にすると「依頼」になる。

EXERCISES

1 各組の文がほぼ同じ内容を表すように，空所に１語を補いなさい。 A

1. Mike said, "I'm hungry."
   Mike said that (　　　　) (　　　　) hungry.
2. She said to me, "I'm very glad to see you."
   She (　　　　) me that (　　　　) (　　　　) very glad to see (　　　　).
3. My son said to me, "I will try again."
   My son (　　　　) me that (　　　　) (　　　　) try again.
4. Jim said to the teacher, "I can't find the answer."
   Jim (　　　　) the teacher that (　　　　) (　　　　) find the answer.

2 次の各文を間接話法を用いて書きかえなさい。 B

1. My mother said to me, "Are you ready?"

   ----
2. She said to me, "Can I go shopping with you?"

   ----
3. My uncle said to me, "What do you want to be in the future?"

   ----
4. She said to me, "Where are you going?"

   ----
5. He said to me, "How can I get to the station?"

   ----

3 各組の文がほぼ同じ内容を表すように，空所に１語を補いなさい。 C

1. Mr. Sato said to us, "Wait until I return."
   Mr. Sato (　　　　) us (　　　　) wait until (　　　　) returned.
2. She said to me, "Don't lose the key."
   She (　　　　) me (　　　　) (　　　　) lose the key.
3. John said to her, "Please call me later."
   John (　　　　) her (　　　　) call him later.
4. She said to him, "Please don't tell anyone about the accident."
   She (　　　　) him not (　　　　) tell anyone about the accident.

Optional Lesson 3 名詞・冠詞・代名詞

☑名詞や冠詞の区別を理解し，さまざまな代名詞の使い分けができるようになろう。

A 名詞と冠詞

参 p.312-319

❶ I have a **dog** and two **cats**. 私は犬を１匹と猫を２匹飼っています。 ▶428.

❷ **Ice**, **rain**, and **fog** are composed of **water**. 氷，雨，霧は水からできている。 ▶429.

❸ I got **an** email today. **The** email was from my friend in Spain. ▶442.
今日Ｅメールを受け取りました。そのＥメールはスペインにいる友人からのものでした。

{ **数えられる名詞**：dog，cat，email，friend，family，team（❶，❸）
{ **数えられない名詞**：ice，rain，fog，water，Spain，love（❷，❸）

{ **a［an］＋数えられる名詞の単数形**：「(ある) １つの…」（❶，❸）
{ **the＋すべての名詞**：「その…」と，その名詞を特定化する。（❸）

B mine / myself

参 p.326-327

❹ Isn't **your** *cell phone* ringing? ── No, **mine** is off. ▶448.
あなたの携帯電話が鳴っていませんか。── いいえ，私のは切ってあります。

❺ Tom looked at **himself** in the mirror. トムは鏡で自分の姿を見た。 ▶450.

❹ mine＝my cell phone *cf.* yours，his，hers，ours，theirs，Ann's

❺ **-self［-selves］**：「…自身」 *cf.* myself，yourself，himself，herself，itself，ourselves，yourselves，themselves(➡p.79)

C one / another / other

参 p.332-335

❻ I forgot to bring a pen. Can you lend me **one**? ▶458.
ペンを持って来るのを忘れた。１本貸してくれないかい。

❼ I don't like this hat; show me **another**. ▶461.
この帽子は気に入りません。別のを見せてください。

❽ I can only find **one** sock. Have you seen **the other**? ▶462.
靴下が片方しか見つかりません。もう片方を見かけましたか。

❻ one＝a pen *cf.* Is this your pen? Can you lend it to me?（it＝the pen）
これはあなたのペンですか。貸してくれませんか。

❼ **another**：「もうひとつ別の(もの)」

❽ **the other**：「残ったひとつ」

「残りからいくつか」：others /「残ったいくつか(全部)」：(all) the others

EXERCISES

1 次の各文の（　　）内に，a か the を補いなさい。 A

1. Rome is (　　　　　　) big city in Italy.
2. Rome is (　　　　　　) capital of Italy.
3. Jane is (　　　　　　) very nice person. You must meet her.
4. I just bought (　　　　　　) new computer, and (　　　　　　) display is made in Japan.

2 斜字体に注意して，次の各文を日本語に直しなさい。 B

1. *A:* Is this bike *yours*?　*B:* No, it is *hers*.

2. It isn't her mistake. She shouldn't blame *herself*.

3. After walking for two hours, they found *themselves* in a small village.

3 （　　）内から適切なほうを選び，文を完成させなさい。 B

1. That's not (my / mine) umbrella. (My / Mine) is yellow.
2. (My / Mine) room is bigger than (her / hers), but (her / hers) is nicer.
3. I cut (me / myself) with a knife.
4. They never think about other people. They only think about (them / themselves).

4 次の各文の（　　）内に，［　　］から適切なものを選んで補いなさい。 C

1. 彼らは今は家を持っていないが，もうじき買おうと計画している。
   They don't own a house now, but they plan to buy (　　　　　　) soon.
2. それらのケーキはすばらしい。もう一ついただけますか。
   Those cakes are wonderful. Could I have (　　　　　　)?
3. メアリーは川の一方の岸から向こう岸へと泳いだ。
   Mary swam from one side of the river to (　　　　　　).
4. 犬が好きな人もいるし，猫のほうが好きな人もいる。
   Some people like dogs ; (　　　　　　) prefer cats.
5. 勉強している生徒もいたが，残りの生徒は騒いでいた。
   Some of the students were studying, but (　　　　　　) were making a noise.

[another / one / others / the other / the others]

Optional Lesson 4 形容詞・副詞・前置詞

☑形容詞と副詞の働きや，さまざまな前置詞の意味を理解して使い分けられるようになろう。

A 形容詞と副詞

参 p.346-361

❶ Sally has **green** eyes.　サリーは緑色の目をしている。 ▶477.

❷ Sally's eyes are **green**.　サリーの目は緑色だ。 ▶478.

❸ Bill is a *careful* driver.　He **drives carefully**. ▶496.
ビルは注意深いドライバーだ。注意深く運転する。

❹ Your English is **really good**.　You speak it **very well**. ▶497.
あなたの英語は実にすばらしい。とても上手に話しますね。

形容詞：名詞を修飾(❶)したり，補語(❷)となる。

副詞：動詞を修飾(❸)したり，形容詞などを修飾(❹)する。

確認！　「多い」「少ない」の表し方

many friends / much money　　(a) few friends / (a) little money

a few [a little]は「少しある」，few [little]は「少ししかない」

B 前置詞

参 p.366-372

❺ Change trains **at** Nagoya.　名古屋で列車を乗りかえなさい。 ▶507.

❻ My brother lives **in** Nagoya.　私の兄は名古屋に住んでいます。 ▶508.

前置詞：(代)名詞を従えて，形容詞句や副詞句(❺，❻)を作る。

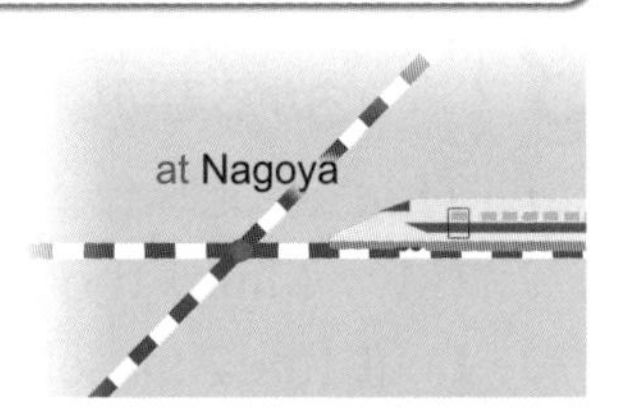

at：Turn left at the traffic lights.
信号のところで左へ曲がりなさい。
Let's meet at 7:30 tomorrow morning.
明日の朝７時30分に会いましょう。

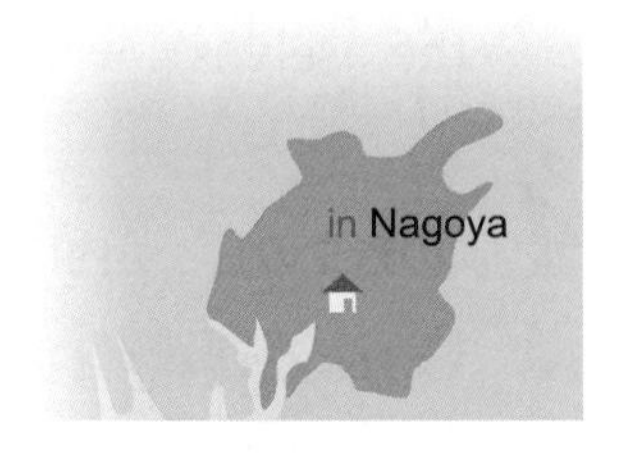

in：Who is the man in this photograph?
この写真に映っている男性はだれですか。
Do you often go out in the evening?
あなたは夜によく外出しますか。

on：There is a spider on the ceiling.　天井にクモがいるよ。
I was born on July 1st.　私は７月１日に生まれました。

for：She left New York for Florida.
彼女はニューヨークを出発してフロリダに向かった。
I have been waiting for her for thirty minutes.
私は30分間ずっと彼女を待っています。

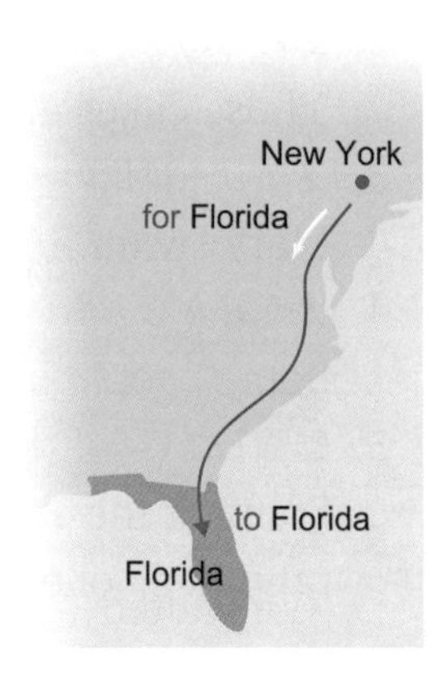

from：The lake is two miles from the village.
その湖は村から２マイルのところにあります。

to：We went to Florida last summer.
私たちは去年の夏フロリダへ行きました。

with：Will you come to the party with your wife?
奥さんとご一緒にパーティーにいらっしゃいませんか。
They've bought a house with a big garden.
彼らは広い庭付きの家を買った。

EXERCISES

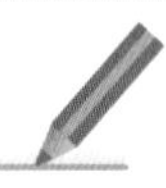

1 (　　)内から適切なほうを選び，文を完成させなさい。 A

1. There was a (sudden / suddenly) storm, and we all got wet.
2. Because of the strong wind yesterday, many bikes were (serious / seriously) damaged.
3. Be (careful / carefully) when you cross the street.
4. Those oranges look (nice / nicely). Can I have one?
5. Please keep the children (quiet / quietly) when I'm on the phone.
6. She was (kind / kindly) enough to show me the way to the station.

2 (　　)内から適切なほうを選び，文を完成させなさい。 A

1. How (many / much) money do you have?
2. You make too (many / much) mistakes.
3. Would you like (a few / a little) soup?
4. There are (a few / a little) books about Spain in this library.
5. (Few / Little) people live to the age of 100.
6. A busy farmer has (few / little) free time.

3 (　　)内から適切なものを選びなさい。 B

1. Turn right (at / in / to) the next corner.
2. The train (at / in / for) Osaka leaves from track No.15.
3. I borrowed the book (from / on / to) the library.
4. How often do you go (at / in / to) the dentist?
5. We often go to the beach (at / in / on) summer.
6. The rainy season in Japan starts (on / in / at) June.
7. The concert is (at / in / on) November 22.

4 日本語の意味を表すように，空所に適切な前置詞を補いなさい。 B

1. パットは庭にいます。犬と遊んでいます。
   Pat is (　　　　　) the garden. She's playing with her dog.
2. 彼らのアパートは3階にある。
   Their apartment is (　　　　　) the third floor.
3. 明日の夕方，私は何人かの友人と一緒にレストランに行きます。
   I will go to a restaurant (　　　　　) some friends tomorrow evening.
4. 私は今朝8時に起きました。
   I got up (　　　　　) 8 o'clock this morning.
5. 私たちは30分待ったが，彼らは来なかった。
   We waited (　　　　　) half an hour, but they didn't come.

Optional Lesson 5 さまざまな構文

☑英語に特有の表現(否定，倒置・強調，名詞構文，無生物主語構文)を使えるようになろう。

A 部分否定

参 p.386

❶ **Not all** cars have air conditioners. すべての車にエアコンがついているわけではない。▶539.

❶ **部分否定**：「すべてが…であるわけではない(なかには…でないものもある)」

B 倒置・強調

参 p.392-395

❷ My blood type is B, and **so is my sister's.** 私の血液型はB型で，妹もそうです。▶552.

❸ My father can't drive, **nor** [and **neither**] **can my mother.** ▶553.
父は運転ができませんし，母もできません。

❹ **It was Tom that** first met Mary at the party. ▶557.
そのパーティーで初めてメアリーに会ったのはトムでした。

❷ **so＋倒置構文**：「…もそうだ」

❸ **neither [nor]＋倒置構文**：「…もそうでない」

❹ **It is ... that ～(強調構文)**：

Tom first met Mary at the party.
→ It was Tom that first met Mary at the party.
→ It was Mary that Tom first met at the party.
そのパーティーでトムが初めて会ったのはメアリーでした。
→ It was at the party that Tom first met Mary.
トムが初めてメアリーに会ったのはそのパーティーでした。

C 名詞構文

参 p.398-399

❺ Janet is **a good speaker** of Japanese. ジャネットは日本語を上手に話す。▶565.

❻ Let me **have a look** at your new bicycle. ▶566.
あなたの新しい自転車をちょっと見せてください。

❺ **形容詞＋「～する人」**：← Janet *speaks* Japanese *well*.

❻ **have＋a＋名詞(look)**：← Let me *look* at your new bicycle.

D 無生物主語構文

参 p.400-401

❼ **A good sleep** will make you feel better. ▶568.
ぐっすりと眠れば，あなたは気分がよくなるでしょう。

❽ **The bad weather** kept us from going out. ▶569.
天気が悪かったので，私たちは外出できなかった。

❾ **A few minutes' walk** brought us to the park. ▶570.
2，3分歩くと，私たちは公園に着いた。

❼ **「物が人に～させる」**：← If you have a good sleep, you will feel better.

❽ **「物が人が～するのを妨げる」**：← Because of the bad weather, we could not go out.

❾ **「物が人を…へ連れて行く[連れて来る]」**：← After a few minutes' walk, we got to the park.

EXERCISES

1 次の各文を日本語に直しなさい。 A

1. Not all birds can fly.

2. I'm not always at home on Sundays.

3. I can't answer all the questions.

2 日本語の意味を表すように，空所に適語を補いなさい。 B

1. *A:* 私はその知らせに驚きました。 *B:* 私も驚きました。
   A: I was surprised at the news. *B:* So ( ) I.
2. *A:* 私はその映画をまだ見ていません。 *B:* 私もまだです。
   A: I haven't seen the movie. *B:* Neither ( ) I.
3. バターは牛乳から作られ，チーズもそうである。
   Butter is made from milk, and ( ) ( ) cheese.
4. ジムはトマトが好きではなく，ベスもそうである。
   Jim doesn't like tomatoes, and ( ) ( ) Beth.

3 It was ... that ～を用いて，下線部 1. ～ 3. を強調した文に書きかえなさい。 B

1.Jane paid for 2.the meal 3.the day before yesterday.

1.

2.

3.

4 各組の文がほぼ同じ内容を表すように，空所に1語を補いなさい。 C D

1. Linda dances the best in the class.
   Linda is the best ( ) in the class.
2. I called her last night.
   I ( ) her a ( ) last night.
3. Thanks to the map, they could find their way.
   The map enabled ( ) to find their way.
4. Because of the rain, we couldn't play tennis.
   The rain prevented ( ) from ( ) tennis.
5. If you go along this road, you will get to the station.
   This road will lead ( ) ( ) the station.

ターゲット例文集 TARGET

●本書で扱ったターゲット例文をまとめました。日本語の意味を表すように，(　　)内に適語を補いなさい。
●各ページの例文で答えを確認しましょう。

Get Ready 1 「…は～です」と「…は～します」

A ❶ I (　　) a new student.	私は新入生です。
❷ We (　　) new students.	私たちは新入生です。
B ❶ I (　　) a new student.	私は新入生です。
❷ You (　　) a new student.	あなたは新入生です。
❸ He (　　) a teacher.	彼は先生です。
❹ They (　　) teachers.	彼らは先生です。
C ❶ I (　　) the guitar.	私はギターを弾きます。
❷ We (　　) computers.	私たちはコンピュータを使います。
D ❶ He (　　) the guitar.	彼はギターを弾きます。
❷ She (　　) a computer.	彼女はコンピュータを使います。
❸ They (　　) computers.	彼らはコンピュータを使います。

Lesson 1 いろいろな文 (1)

❶ I (　　) a good tennis player.	私はテニスが得意です。
❷ They (　　) (　　) my classmates. They are my seniors.	彼らは私のクラスメートではありません。上級生です。
❸ I (　　) to school by train.	私は電車で通学しています。
❹ My sister (　　) the piano very well.	私の姉はピアノがとても上手です。
❺ My sister is a soccer fan, but she (　　) (　　) (　　) soccer.	姉はサッカーファンですが，サッカーはしません。
❻ I (　　) John, but I (　　) (　　) (　　) Mary.	私はジョンに電話をかけましたが，メアリーにはかけませんでした。
❼ (　　) (　　) an exchange student?	あなたは交換留学生ですか。
❽ (　　) you (　　) our school?	あなたは私たちの学校を気に入っていますか。

Lesson 2 いろいろな文 (2)

❶ (　　) telephoned Ann? ── Tom did.	だれがアンに電話したのですか。──トムです。
❷ (　　) is your favorite subject? ── It's science.	好きな科目は何ですか。──理科です。
❸ Mary is your classmate, (　　) (　　)? ── Yes, she is.	メアリーはあなたのクラスメートでしょう。──はい，そうです。
❹ You don't like cheese, (　　) (　　)? ── No, I don't.	あなたはチーズが好きではないのですね。──はい，好きではありません。
❺ (　　) your name slowly.	あなたの名前をゆっくりともう一度言ってください。
❻ (　　) (　　). I can help you.	心配するなよ。ぼくが手伝ってあげるから。
❼ (　　) beautiful her voice is!	彼女の声はなんてきれいなのでしょう。

Lesson 3 文の型 (1)

❶ Our (　　) (　　) at 8:30.	私たちの学校は8時半に始まります。
❷ Many (　　) in our town (　　) in the factory.	私たちの町の多くの人々はその工場で働いています。
❸ Rose (　　) my pet (　　). She (　　) very (　　).	ローズは私の飼っている犬です。彼女はとてもかわいいです。
❹ I sometimes (　　) very (　　) in the morning.	私はときどき午前中にとてもおなかがすきます。

❺ We (　　) (　　) from Monday to Saturday. 私たちは月曜日から土曜日までサッカーをします。
❻ Sally (　　) (　　) (　　). Ben (　　) (　　), too. サリーはアイスクリームが好きです。ベンもそれが好きです。

Lesson 4 文の型 (2)

❶ Our coach (　　) (　　) good (　　). コーチは私たちによいアドバイスをしてくれます。
❷ My father (　　) (　　) a (　　). 父は私にコンピュータを買ってくれた。
❸ Music (　　) (　　) (　　). 音楽は私を幸せにしてくれます。
❹ We (　　) the (　　) "(　　) (　　)." 私たちはその休日を「ゴールデンウィーク」と呼びます。
❺ (　　) (　　) a river near my house. 私の家の近くには川があります。

Get Ready 2 動詞の形

A ❶ They (　　) soccer yesterday. 彼らは昨日サッカーをしました。
❷ They (　　) the game. 彼らは試合に負けてしまいました。
B ❶ Fred (　　) (　　) soccer now. フレッドは今サッカーをしています。
❷ They (　　) (　　) soccer now. 彼らは今サッカーをしています。
C ❶ I (　　) (　　) my homework. 私は宿題を終えました。
❷ He (　　) (　　) his shoes. 彼はくつをきれいにしました。
D ❶ English (　　) (　　) in Singapore. シンガポールでは，英語が話されています。
❷ English and French (　　) (　　) in Canada. カナダでは，英語とフランス語が話されています。

Lesson 5 現在・過去

❶ They (　　) in the park every morning. 彼らは毎朝公園でジョギングをする。
❷ (　　) (　　) at a beach in Okinawa now. 私は今，沖縄の海岸で泳いでいるところです。
❸ I (　　) busy yesterday. 私は昨日忙しかった。
❹ Steve (　　) (　　) a book when the phone rang. 電話が鳴ったとき，スティーブは本を読んでいた。

Lesson 6 未来

❶ It (　　) (　　) rainy and windy in the afternoon. 午後は雨で風が強くなるでしょう。
❷ (　　) (　　) you my new CD tomorrow. 明日私の新しい CD を貸してあげましょう。
❸ It's cloudy. I think (　　) (　　) (　　) (　　). 曇っています。雨が降りそうです。
❹ We (　　) (　　) (　　) (　　) the mountain because the weather is fine today. 今日は天気がいいので，私たちはその山に登るつもりです。
❺ The lunar eclipse (　　) at 7:30 p.m. this Friday. 月食は今週金曜日の午後 7 時半に始まります。
❻ My aunt (　　) (　　) to my house this Friday. 私のおばが今週金曜日にうちに来ることになっています。

Lesson 7 現在完了形

❶ I (　　) (　　) my key. 私はかぎをなくしてしまいました。
❷ Our friends (　　) just (　　). 私たちの友だちがちょうど着いたところです。
❸ I (　　) (　　) a horse once. 私は一度馬に乗ったことがあります。
❹ (　　) you ever (　　) to Disneyland? ディズニーランドへ行ったことがありますか。

❺ Takeshi and I (　　) (　　) friends since we met at the party last year.　タケシと私は去年そのパーティーで会って以来の友だちです。
❻ The computer (　　) (　　) (　　) strange sounds since yesterday.　そのコンピュータは昨日から変な音がします。

Lesson 8　過去完了形

❶ I arrived late at the station. The train (　　) (　　).　私は駅に着くのが遅れた。列車はもう出たあとだった。
❷ I (　　) never (　　) in a plane before I visited London last year.　私は昨年ロンドンを訪れる以前は，飛行機に乗ったことはありませんでした。
❸ He (　　) (　　) sick in bed for a week when I visited him.　私が見舞いに行ったとき，彼は1週間病気で寝込んでいた。
❹ He (　　) a pendant in Paris and (　　) it to her.　彼はパリでペンダントを買って，それを彼女にあげた。
❺ He (　　) her a pendant which he (　　) (　　) in Paris.　彼は彼女に，パリで買ったペンダントをあげた。

Lesson 9　助動詞 (1)

❶ (　　) you swim? ── Yes, I (　　), but I (　　) dive.　あなたは泳げますか。──はい，泳げますが，もぐれません。
❷ (　　) you teach me how to cook fried noodles?　焼きそばの作り方を教えてくれませんか。
❸ You (　　) be tired. You've just had a rest.　あなたは疲れているはずがありません。休憩をとったばかりでしょう。
❹ (　　) I start cooking? ── Yes, go ahead.　料理を始めてもいいですか。──ええ，どうぞ。
❺ Where is Sally? ── She (　　) be in the gym.　サリーはどこかしら。──体育館かもしれません。

Lesson 10　助動詞 (2)

❶ You (　　) wash your hands before you cook.　料理をする前に手を洗わなければいけません。
❷ Students (　　) (　　) use cell phones at school.　生徒は，学校で携帯電話を使ってはいけません。
❸ Have a rest. You (　　) be tired.　休憩をとりなさい。あなたは疲れているにちがいありません。
❹ You have a slight fever. You (　　) stay home today.　少し熱があるわ。今日は家にいなさい。
❺ It's almost 6:00. Mary (　　) be home soon.　もう6時だ。メアリーはやがて帰って来るはずだ。
❻ (　　) (　　) give me some cold medicine, please?　風邪薬をくれませんか。
❼ (　　) (　　) join me in a song?　一緒に歌いませんか。
❽ (　　) (　　) take you to the hospital?　病院へ連れて行ってあげましょうか。
❾ (　　) (　　) go out tonight?　今夜は外出しませんか。

Lesson 11　受動態 (1)

❶ Many people around the world (　　) soccer.　世界中の多くの人たちがサッカーを愛しています。
❷ Soccer (　　) (　　) (　　) many people around the world.　サッカーは世界中の多くの人たちに愛されています。
❸ His work (　　) (　　) before five o'clock.　彼の仕事は5時前に終えられた。
❹ A new ballpark (　　) (　　) in Hiroshima.　新しい野球場が広島に造られました。

Lesson 12　受動態 (2)

❶ Jim (　　) (　　) a new computer by the school. ジムは学校から新しいコンピュータを貸してもらった。
❷ A new computer (　　) (　　) (to) Jim by the school. 新しいコンピュータが学校からジムに貸し与えられた。
❸ My name is Richard, and I (　　) (　　) Dick by my friends. ぼくの名前はリチャードで，友人たちにはディックと呼ばれています。
❹ The problem of pollution (　　) (　　) (　　). 公害問題は解決されなければならない。
❺ Many exciting games (　　) (　　) (　　) in the new ballpark. その新球場では，多くのわくわくするような試合が行われるでしょう。
❻ The town (　　) (　　) (　　) Christmas shoppers. 町はクリスマスの買い物客で混雑していた。
❼ Everybody (　　) (　　) (　　) the news. だれもがそのニュースに驚いた。
❽ Don't worry. Your leg (　　) (　　) seriously. 心配しないで。脚のけがはひどくはありませんよ。

Get Ready 3　不定詞・動名詞・分詞

A
❶ I want a ticket for the concert. 私はそのコンサートのチケットがほしいです。
❷ I want (　　) (　　) to the concert. 私はそのコンサートへ行きたいです。
❸ He has a car (　　) (　　). 彼は売る（ための）車を持っています。
❹ He is studying hard (　　) (　　) the exam. 彼は試験に合格するために一生懸命に勉強しています。

B
❶ He started (　　) (　　) in a supermarket. 彼はスーパーマーケットで働きはじめました。
❷ He started (　　) in a supermarket. 彼はスーパーマーケットで働きはじめました。

C
❶ I know the children (　　) in the yard. 私は庭で遊んでいる子どもたちを知っています。
❷ This is the window (　　) by Tom. これがトムによって壊された窓です。

Lesson 13　不定詞 (1)

❶ (　　) is dangerous (　　) (　　) everything on the Internet. インターネット上のすべてのことを信じるのは危険です。
❷ My dream is (　　) (　　) computer engineering at university. 私の夢は大学で情報工学を勉強することです。
❸ I want (　　) (　　) some information about current events in the world. 私は世界の最新の出来事について情報を得たい。
❹ I need something warm (　　) (　　). 私は何か暖かい服が必要です。
❺ Neil Armstrong was the first man (　　) (　　) on the moon. ニール・アームストロングは月面を歩いた最初の人だった。
❻ We had a chance (　　) (　　) about fashion. 私たちはファッションについて話す機会がありました。
❼ My mother goes to the supermarket (　　) (　　) some food. 母は食料を買うためにスーパーへ行きます。
❽ He came in quietly (　　) (　　) not (　　) (　　) the child. 子どもを起こさないように，彼は静かに入って来た。
❾ He awoke (　　) (　　) himself in a strange room. 目が覚めてみると，彼は見知らぬ部屋にいた。

Lesson 14　不定詞 (2)

❶ I was happy (　　) (　　) the clean kitchen. 私はきれいな台所を見てうれしかった。
❷ You were very nice (　　) (　　) me home. 家まで車で送ってくださるなんてあなたはとても親切でしたね。
❸ This cake is very easy (　　) (　　). このケーキは作るのがとても簡単です。
❹ (　　) is fun (　　) me (　　) (　　) an email in English to my Canadian friend. 私はカナダ人の友だちに英語でEメールを送るのが楽しい。

❺ (　　) was careless (　　) you (　　) (　　) your umbrella in the train.
かさを列車に置き忘れるとは，あなたも不注意でしたね。

❻ Kathy (　　) her parents (　　) (　　) her to New York.
キャシーは両親にニューヨークに連れて行ってもらいたがっている。

❼ Our teacher (　　) us (　　) (　　) an English play at the school festival.
先生は私たちに，文化祭で英語劇をするようにと言いました。

Lesson 15 不定詞 (3)

❶ The coach (　　) us (　　) every day.
コーチは私たちを毎日走らせた。

❷ They (　　) Tom (　　) into his car.
彼らはトムが車に乗り込むのを見た。

❸ My grandmother is (　　) old (　　) (　　) alone.
私の祖母は年をとりすぎていて１人旅はできません。

❹ I was hungry (　　) (　　) (　　) two hamburgers.
ぼくはハンバーガーを２つ食べられるほどおなかがすいていました。

❺ I don't know (　　) (　　) (　　).
私は何をすればいいかわかりません。

❻ I'll show you (　　) (　　) (　　) for the school festival.
文化祭のためにブレイクダンスの踊り方を教えてあげましょう。

❼ I don't know (　　) (　　) (　　) an umbrella (　　) (　　).
かさを持って行くべきかどうか私にはわからない。

Lesson 16 動名詞

❶ (　　) a car on the street is bad manners.
道端に車を駐車することは悪いマナーです。

❷ Her share is (　　) the living room.
彼女の分担は，リビングの掃除をすることです。

❸ I'll start (　　) a diary in English.
私は英語で日記をつけはじめるつもりです。

❹ I'm afraid (　　) (　　) mistakes when I speak English.
私は英語を話すときに間違うのが怖い。

❺ I (　　) (　　) on my first day at school.
私は初めて学校へ行った日に泣いたことを覚えています。

❻ Please (　　) (　　) (　　) the letter.
忘れずに手紙を出してね。

Lesson 17 分詞 (1)

❶ The (　　) men are very big.
戦っている男の人たちはとても大きい。

❷ The girl (　　) kendo over there is my sister.
あそこで剣道の練習をしている女の子は私の妹です。

❸ (　　) paper is widely used today.
再生紙は今日広く使われています。

❹ He's a sumo wrestler (　　) by many people.
彼は多くの人たちに愛されている相撲取りです。

❺ The old lady sat (　　) a book by the fire.
その老婦人は暖炉のそばに座って，本を読んでいた。

❻ Ann felt (　　) at Bob's words.
アンはボブの言葉に心を傷つけられた。

❼ He kept me (　　) in the rain.
彼は私を雨の中待たせた。

❽ He left his car (　　).
彼はロックしないで車を離れた。

Lesson 18 分詞 (2)

❶ (　　) on the TV, Ann sat down on the sofa.
テレビをつけて，アンはソファーに座った。

❷ (　　) in easy English, this book is suitable for beginners.
やさしい英語で書かれているので，この本は初心者向きである。

❸ The boy rowed the boat, (　　) a song.
少年は歌を歌いながらボートをこいだ。

❹ (　　) along the street yesterday, I met Sally.
昨日通りを歩いていて，私はサリーに出会った。

❺ (　　) the doorbell, Ann ran to open the door.
玄関のベルの音を聞いて，アンはドアを開けようと走って行った。

❻ (　　) nothing to do, I watched TV. | することがなかったので，私はテレビを見た。

Lesson 19 比較 (1)

❶ Russia is a very (　　) country. | ロシアはとても大きな国である。
❷ Russia is (　　) (　　) Canada. | ロシアはカナダよりも大きい。
❸ Russia is (　　) (　　) country in the world. | ロシアは世界で一番大きな国である。
❹ I'm (　　) (　　) (　　) you. | 私はあなたと同じくらいうれしいです。
❺ Rome is an old city, but it's (　　) (　　) (　　) (　　) Athens. | ローマは古い都市だが，アテネほど古くはない。
❻ Health is (　　) (　　) (　　) money. | 健康はお金よりも大切である。
❼ My father is (　　) (　　) (　　) (　　) my mother. | 父は母より3歳年上です。

Lesson 20 比較 (2)

❶ Mary is (　　) (　　) girl (　　) our class. | メアリーは私たちのクラスの中で一番背が高い女の子です。
❷ Bob likes history (　　) (　　) (　　) all subjects. | ボブはすべての科目の中で歴史が一番好きだ。
❸ Alaska is (　　) (　　) (　　) state (　　) the USA. | アラスカは合衆国でずば抜けて大きな州である。
❹ (　　) (　　) state in the USA is (　　) (　　) (　　) Alaska. | 合衆国のほかのどの州もアラスカほど大きくはない。
❺ (　　) (　　) state in the USA is (　　) (　　) Alaska. | 合衆国のほかのどの州もアラスカより大きくはない。
❻ Alaska is (　　) (　　) (　　) (　　) state in the USA. | アラスカは合衆国のほかのどの州よりも大きい。

Get Ready 4 後ろから名詞を修飾するパターン

A ❶ The book (　　) the table is Ann's. | テーブルの上の本はアンのものです。
B ❶ She has a lot of work (　　) (　　) at home. | 彼女には家でする仕事がたくさんある。
❷ The people (　　) in the supermarket wear uniforms. | そのスーパーマーケットで働いている人たちはユニフォームを着ている。
❸ English is a language (　　) all over the world. | 英語は世界中で話されている言語です。
C ❶ I met a girl at the party. | ぼくはパーティーである女の子と会いました。
❷ I met a girl at the party. She likes soccer very much. | ぼくはパーティーである女の子に会いました。彼女はサッカーが大好きです。
❸ I met a girl (　　) likes soccer very much at the party. | ぼくはパーティーでサッカーが大好きな女の子に会いました。
❹ Soccer is a sport. It is played by two teams of 11 players. | サッカーはスポーツです。それは11人の選手の2チームで行われます。
❺ Soccer is a sport (　　) is played by two teams of 11 players. | サッカーは11人の選手の2チームで行われるスポーツです。

Lesson 21 関係詞 (1)

❶ I have a friend (　　) lives in Spain. | 私にはスペインに住む友だちがいます。
❷ Do you know any Japanese festivals (　　) are popular in other countries? | 海外で人気のある日本の祭りを何か知っていますか。
❸ This is the person (　　) I met on my trip to Europe. | こちらは，私がヨーロッパ旅行で出会った人です。

❹ This is a picture (　　) she sent me the other day. これは，彼女が先日私に送ってくれた写真です。
❺ Do you know anyone (　　) dream is like mine? 私の夢と同じような夢を持っている人をだれか知っていますか。
❻ You are the only person (　　) can help me. 私を助けることができるのはあなただけです。

Lesson 22 関係詞 (2)

❶ (　　) you've done is the right thing. あなたがしたことは正しいことです。
❷ These tools are just (　　) I need for the job. これらの道具は，その仕事に私がまさに必要としているものだ。
❸ I don't believe (　　) I can't see. 私は目に見えないものは信じない。
❹ The restaurant (　　) we ate lunch is not on the map. 私たちが昼食を食べたレストランは地図には載っていません。
❺ I'll never forget the summer (　　) I traveled to France. 私は，フランスへ旅をした夏をけっして忘れないでしょう。
❻ Do you know the reason (　　) he didn't come? 彼が来なかった理由を知っていますか。
❼ This is (　　) I make vegetable curry. このようにして，私は野菜カレーを作ります。

Lesson 23 仮定法

❶ (　　) I (　　) enough money, I (　　) (　　) a new car. 十分なお金があれば，私は新車を買うのだが。
❷ (　　) Tom (　　) here, I (　　) (　　) it to him myself. トムがここにいれば，私はそのことを自分で彼に説明できるのですが。
❸ (　　) we (　　) (　　) a map, we (　　) (　　) (　　) our way. 地図を持っていたら，私たちは道に迷うこともなかったのに。
❹ (　　) (　　) I (　　) (　　) to Africa. アフリカへ旅行できたらなあ。
❺ (　　) (　　) I (　　) (　　) a little harder. もう少し勉強していればよかったのになあ。
❻ (　　) you (　　) $1,000 on the street, what (　　) you (　　)? 通りで1,000ドルを見つけたら，あなたはどうしますか。

Optional Lesson 1 接続詞

❶ Take this medicine, (　　) you'll feel better. この薬を飲みなさい。そうすれば気分がよくなるでしょう。
❷ The students must take (　　) French (　　) German. 学生はフランス語かドイツ語のどちらかをとらなければなりません。
❸ A whale is (　　) a fish (　　) a mammal. クジラは魚ではなくてほ乳類である。
❹ It is nice (　　) tomorrow is a holiday. 明日が祝日なのはすてきだ。
❺ She asked me (　　) I had a driver's license. 彼女は私に運転免許証を持っているかどうか尋ねた。
❻ We waited in the cafeteria (　　) it stopped raining. 私たちは雨がやむまでカフェテリアで待った。
❼ The boy was scolded (　　) he was late. その少年は遅刻したのでしかられました。
❽ (　　) you are right, then everyone else is wrong. もしもきみが正しいなら，それならばほかのみんなが間違っていることになる。

Optional Lesson 2 話法

❶ Tom (　　), "(　　) (　　) a stomachache." トムは「おなかが痛い。」と言いました。
❷ Tom (　　) (　　) (　　) (　　) a stomachache. トムはおなかが痛いと言いました。
❸ His mother (　　) (　　) him, "(　　) (　　) go to school." 彼のお母さんは彼に「学校へ行ってはいけませんよ。」と言いました。

❹ His mother (　　) him (　　) (　　) (　　) go to school.
彼のお母さんは彼に学校へ行ってはいけないと言いました。

❺ He (　　) (　　) her, "(　　) (　　) (　　) the baseball game?"
彼は彼女に「野球の試合を見ましたか。」と言った。

❻ He (　　) her (　　) (　　) (　　) (　　) the baseball game.
彼は彼女に野球の試合を見たかどうか尋ねた。

❼ She (　　), "(　　) (　　) (　　) (　　) (　　)?"
彼女は「いつ映画は始まるのですか。」と言った。

❽ She (　　) (　　) (　　) (　　) (　　).
彼女はいつ映画は始まるのかと尋ねた。

❾ The teacher (　　) (　　) us, "(　　) carefully."
先生は私たちに「注意して聞きなさい。」と言った。

❿ The teacher (　　) us (　　) (　　) carefully.
先生は私たちに注意して聞くようにと言った。

Optional Lesson 3　名詞・冠詞・代名詞

❶ I have a (　　) and two (　　).
私は犬を１匹と猫を２匹飼っています。

❷ (　　), (　　), and (　　) are composed of (　　).
氷，雨，霧は水からできている。

❸ I got (　　) email today. (　　) email was from my friend in Spain.
今日Ｅメールを受け取りました。そのＥメールはスペインにいる友人からのものでした。

❹ Isn't your cell phone ringing?
── No, (　　) is off.
あなたの携帯電話が鳴っていませんか。
──いいえ，私のは切ってあります。

❺ Tom looked at (　　) in the mirror.
トムは鏡で自分の姿を見た。

❻ I forgot to bring a pen. Can you lend me (　　)?
ペンを持って来るのを忘れた。１本貸してくれないかい。

❼ I don't like this hat; show me (　　).
この帽子は気に入りません。別のを見せてください。

❽ I can only find one sock. Have you seen (　　) (　　)?
靴下が片方しか見つかりません。もう片方を見かけましたか。

Optional Lesson 4　形容詞・副詞・前置詞

❶ Sally has (　　) eyes.
サリーは緑色の目をしている。

❷ Sally's eyes are (　　).
サリーの目は緑色だ。

❸ Bill is a careful driver. He drives (　　).
ビルは注意深いドライバーだ。注意深く運転する。

❹ Your English is (　　) good. You speak it (　　) well.
あなたの英語は実にすばらしい。とても上手に話しますね。

❺ Change trains (　　) Nagoya.
名古屋で列車を乗りかえなさい。

❻ My brother lives (　　) Nagoya.
私の兄は名古屋に住んでいます。

Optional Lesson 5　さまざまな構文

❶ (　　) (　　) cars have air conditioners.
すべての車にエアコンがついているわけではない。

❷ My blood type is B, and (　　) is my sister's.
私の血液型はＢ型で，妹もそうです。

❸ My father can't drive, (　　) can my mother.
父は運転ができませんし，母もできません。

❹ (　　) (　　) Tom (　　) first met Mary at the party.
そのパーティーで初めてメアリーに会ったのはトムでした。

❺ Janet is (　　) good (　　) of Japanese.
ジャネットは日本語を上手に話す。

❻ Let me (　　) (　　) (　　) at your new bicycle.
あなたの新しい自転車をちょっと見せてください。

❼ (　　) (　　) (　　) will make you feel better.
ぐっすりと眠れば，あなたは気分がよくなるでしょう。

❽ (　　) (　　) (　　) kept us from going out.
天気が悪かったので，私たちは外出できなかった。

❾ (　　) (　　) (　　) (　　) brought us to the park.
２，３分歩くと，私たちは公園に着いた。

APPENDIX

1. 動詞の変化

① 3・単・現（3人称・単数・現在）の -s [-es]のつけ方

語尾の形	-s [-es]のつけ方	例
ふつうの場合	+s [s] +s [z] +s [iz]	drink（飲む）⇒ drinks live（生きる）⇒ lives use（使う）⇒ uses
-s, -x, -sh, -ch [tʃ]	+es [iz]	cross（横切る）⇒ crosses mix（混ぜる）⇒ mixes / wash（洗う）⇒ washes reach（到着する）⇒ reaches
子音字+y	y ⇒ i+es [z]	try（試みる）⇒ tries / study（勉強する）⇒ studies
母音字+y	+s [z]	buy（買う）⇒ buys / stay（滞在する）⇒ stays
その他	have（持っている）⇒ has / go（行く）⇒ goes / do（する）⇒ does [dʌ́z]	

※母音字：a, i, u, e, o（ア，イ，ウ，エ，オ）/ 子音字：左記以外の文字（b, c, d, f など）

② -ed のつけ方（規則動詞）

語尾の形	-ed のつけ方	例
ふつうの場合	+ed [d] +ed [t] +ed [id]	call（呼ぶ）⇒ called cook（料理する）⇒ cooked wait（待つ）⇒ waited
-e	-e+ed [d] -e+ed [t] -e+ed [id]	love（愛する）⇒ loved dance（踊る）⇒ danced invite（招待する）⇒ invited
子音字+y	y ⇒ i+ed [d]	cry（泣く）⇒ cried
母音字+y	+ed [d]	enjoy（楽しむ）⇒ enjoyed
アクセント（´）のある 1母音字+1子音字	子音字を重ねて +ed	plán（計画する）⇒ planned stóp（止まる）⇒ stopped
最後の母音にアクセントのない場合にはそのまま ed をつける		vísit（訪問する）⇒ visited óffer（申し出る）⇒ offered

不規則動詞は，ひとつひとつ覚えていこう。（➡後見返し）

go（行く）⇒ went　come（来る）⇒ came　buy（買う）⇒ bought
sell（売る）⇒ sold　eat（食べる）⇒ ate　drink（飲む）⇒ drank

③ ～ing 形の作り方

語尾の形	-ing のつけ方	例
ふつうの場合	-ing	read ⇒ reading / study ⇒ studying
子音字＋e	e＋ing	write ⇒ writing / live ⇒ living *cf.* be ⇒ being / see ⇒ seeing
-ie	ie ⇒ y＋ing	lie（横たわる，うそをつく）⇒ lying tie（結ぶ）⇒ tying / die ⇒ dying
強勢のある 1 母音字＋1 子音字	子音字を重ねて ＋ing	swím ⇒ swimming / rún ⇒ running begín ⇒ beginning　*cf.* háppen ⇒ happening

2．時の表し方（基本時制と完了時制）

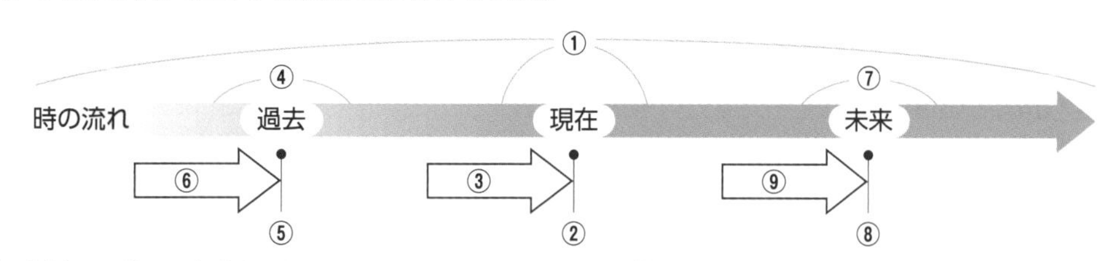

① 現在時制　② 現在進行形：am［are，is］＋～ing　③ 現在完了形：have［has］＋過去分詞
④ 過去時制　⑤ 過去進行形：was［were］＋～ing　⑥ 過去完了形：had＋過去分詞
⑦ 未来時制　⑧ 未来進行形：will be＋～ing　⑨ 未来完了形：will have＋過去分詞

3．名詞の複数形の作り方

語尾の形	-s［-es］のつけ方	例
ふつうの場合	＋s［s］ ＋s［z］ ＋s［iz］	desk ⇒ desks / book ⇒ books door ⇒ doors / girl ⇒ girls case ⇒ cases / rose ⇒ roses
-s，-x，-sh， -ch［tʃ］	＋es［iz］	bus ⇒ buses / box ⇒ boxes dish ⇒ dishes / bench ⇒ benches
-o	＋es［z］	potato ⇒ potatoes / tomato ⇒ tomatoes
子音字＋y	y ⇒ i＋es［z］	baby ⇒ babies / city ⇒ cities
母音字＋y	＋s［z］	day ⇒ days / key ⇒ keys
-f［-fe］	f［fe］⇒ v＋es［z］	leaf ⇒ leaves / knife ⇒ knives
不規則なもの	man ⇒ men / woman［wúmən］⇒ women［wímin］ foot ⇒ feet / tooth（歯）⇒ teeth child ⇒ children / mouse（ネズミ）⇒ mice［máis］	

▶例外もある：photo（写真）⇒ photos / piano ⇒ pianos
radio ⇒ radios / roof（屋根）⇒ roofs
▶単・複同形：Japanese（日本人）/ Chinese（中国人）/ Swiss（スイス人）
sheep（ヒツジ）/ salmon（サケ）

4. 比較変化

① 原級＋-er / -est

語尾の形	-er / -est のつけ方	原級	比較級	最上級
ふつうの場合	＋er / est	fast tall	faster taller	fastest tallest
-e	-~~e~~＋er / est	large wide	larger wider	largest widest
子音字＋y	y ⇒ i＋er / est	heavy early	heavier earlier	heaviest earliest
1母音字 ＋1子音字	子音字を重ねて ＋er / est	big hot	bigger hotter	biggest hottest

② more / most＋原級

	原級	比較級	最上級
2音節語の大部分	useful	more useful	most useful
3音節以上の語	difficult	more difficult	most difficult
-ly で終わる副詞	slowly	more slowly	most slowly

▶音節とは，母音を中心とした音の区切りのことであり，辞書では，use·ful，dif·fi·cult などと「·」で切れ目を示している。

③ 不規則変化

原級	比較級	最上級
good 形 よい，上手な well 形 健康な 副 よく，上手に	better	best
bad 形 悪い，下手な badly 副 下手に，ひどく ill 形 病気の 副 悪く	worse	worst
many 形 多数の much 形 多量の 副 多く	more	most
little 形 少量の 副 少し	less	least

5. 関係代名詞

先行詞	主格	目的格	所有格
「人」	who / that	who [whom] / that	whose
「(人以外の)物」	which / that	which / that	whose

6. 代名詞の変化

数	人称	主格	所有格	目的格	所有代名詞	再帰代名詞
単数	1	I	my	me	mine	myself
	2	you	your	you	yours	yourself
	3	he	his	him	his	himself
		she	her	her	hers	herself
		it	its	it	—	itself
複数	1	we	our	us	ours	ourselves
	2	you	your	you	yours	yourselves
	3	they	their	them	theirs	themselves

7. 国家・国民

国　家	形容詞	国民全体	個人(単数)	個人(複数)
America	American	the Americans	an American	Americans
Australia	Australian	the Australians	an Australian	Australians
Canada	Canadian	the Canadians	a Canadian	Canadians
China	Chinese	the Chinese	a Chinese	Chinese
Denmark	Danish	the Danes	a Dane	Danes
England	English	the English	an Englishman	Englishmen
France	French	the French	a Frenchman	Frenchmen
Germany	German	the Germans	a German	Germans
Greece	Greek	the Greeks	a Greek	Greeks
Holland	Dutch	the Dutch	a Dutchman	Dutchmen
India	Indian	the Indians	an Indian	Indians
Italy	Italian	the Italians	an Italian	Italians
Japan	Japanese	the Japanese	a Japanese	Japanese
Korea	Korean	the Koreans	a Korean	Koreans
Russia	Russian	the Russians	a Russian	Russians
Spain	Spanish	the Spanish	a Spaniard	Spaniards
Switzerland	Swiss	the Swiss	a Swiss	Swiss
Thailand	Thai	the Thais	a Thai	Thais

8. 数字の読み方

1	one	1st	first	14	fourteen	14th	fourteenth
2	two	2nd	second	15	fifteen	15th	fifteenth
3	three	3rd	third	16	sixteen	16th	sixteenth
4	four	4th	fourth	20	twenty	20th	twentieth
5	five	5th	fifth	21	twenty-one	21st	twenty-first
6	six	6th	sixth	22	twenty-two	22nd	twenty-second
7	seven	7th	seventh	23	twenty-three	23rd	twenty-third
8	eight	8th	eighth	24	twenty-four	24th	twenty-fourth
9	nine	9th	ninth	30	thirty	30th	thirtieth
10	ten	10th	tenth	40	forty	40th	fortieth
11	eleven	11th	eleventh	50	fifty	50th	fiftieth
12	twelve	12th	twelfth	60	sixty	60th	sixtieth
13	thirteen	13th	thirteenth	100	one hundred	100th	one hundredth

大きな数字

million（100万）

41, 234, 567, 890

billion（10億）　thousand（千）

◆**41 billion, 234 million, 567 thousand, 890 と読む。単位を表す語は複数形にしない。**

＝forty-one billion, two hundred thirty-four million, five hundred sixty-seven thousand, eight hundred (and) ninety

◆**ばく然とした多数の表し方：**hundreds of ...（何百もの…），thousands of ...（何千もの…），millions of ...（何百万もの…）

小数・分数

0.012	zero point zero one two
3.14	three point one four
1/2	one [a] half
1/3	one [a] third
1/4	one [a] fourth / a quarter
2/3	two-thirds
2 3/5	two and three-fifths

年号

1800	eighteen hundred
1987	nineteen eighty-seven
2000	two thousand
2001	two thousand one
1960(')s	the nineteen sixties（1960年代）

月・日

July 4	July (the) fourth
10/2/87	October (the) second nineteen eighty-seven

時刻

7:00	seven (o'clock)
7:15	seven fifteen / a quarter past seven
7:30	seven thirty / half past seven
7:45	seven forty-five / a quarter to eight

金額

59¢	fifty-nine cents
$3.35	three dollars (and) thirty-five cents
£5.75	five pounds (and) seventy-five (pence)

https://www.daiichi-g.co.jp/eigo/otomaru/

本書は，第一学習社の音声アプリ「おと丸」に対応しています。二次元コードかURLより，端末にアプリをダウンロードし，ダウンロードキーを入力すれば，ターゲット例文の音声を聞くことができます。

ダウンロードキー　xpx25

訂正情報配信サイト 17135-01
❶利用については，先生の指示にしたがってください。
❷利用に際しては，一般に，通信料が発生します。

https://dg-w.jp/f/f2506

2004年１月10日　初版　第１刷発行
2022年１月10日　改訂３版　第１刷発行

編　者　第一学習社編集部
発行者　松本洋介
発行所　株式会社　第一学習社

東京：〒102-0084　東京都千代田区二番町５番５号　☎03-5276-2700
大阪：〒564-0052　吹田市広芝町８番24号　☎06-6380-1391
広島：〒733-8521　広島市西区横川新町７番14号　☎082-234-6800

札　幌☎011-811-1848　仙　台☎022-271-5313　新　潟☎025-290-6077
つくば☎029-853-1080　東　京☎03-5803-2131　横　浜☎045-953-6191
名古屋☎052-769-1339　神　戸☎078-937-0255　広　島☎082-222-8565
福　岡☎092-771-1651

書籍コード　17135-01

ISBN978-4-8040-3002-9　ホームページ　http://www.daiichi-g.co.jp/

動詞の不規則変化

原形	意味	過去形	過去分詞形	～ing 形
be (am, is)	…である	was	been	being
be (are)	…である	were	been	being
beat	打つ	beat	beaten	beating
become	…になる	became	become	becoming
begin	始まる	began	begun	beginning
bite	かむ	bit	bitten [bit]	biting
blow	吹く	blew	blown	blowing
break	壊す	broke	broken	breaking
bring	持ってくる	brought	brought	bringing
build	建てる	built	built	building
burn	焼く	burnt [burned]	burnt [burned]	burning
buy	買う	bought	bought	buying
cast	向ける	cast	cast	casting
catch	つかまえる	caught	caught	catching
choose	選ぶ	chose	chosen	choosing
come	来る	came	come	coming
cost	要する	cost	cost	costing
cut	切る	cut	cut	cutting
die	死ぬ	died	died	dying
do [does]	する	did	done	doing
draw	引く，描く	drew	drawn	drawing
drink	飲む	drank	drunk	drinking
drive	運転する	drove	driven	driving
eat	食べる	ate	eaten	eating
fall	落ちる	fell	fallen	falling
feel	感じる	felt	felt	feeling
fight	闘う	fought	fought	fighting
find	見つける	found	found	finding
fly	飛ぶ	flew	flown	flying
forget	忘れる	forgot	forgot [forgotten]	forgetting
get	手に入れる	got	got [gotten]	getting
give	与える	gave	given	giving
go	行く	went	gone	going
grow	成長する	grew	grown	growing
have [has]	持っている	had	had	having
hear	聞く	heard	heard	hearing
hide	隠す	hid	hid [hidden]	hiding
hit	打つ	hit	hit	hitting
hold	持っている	held	held	holding
hurt	傷つける	hurt	hurt	hurting
keep	保つ	kept	kept	keeping
know	知っている	knew	known	knowing
lay	横たえる	laid	laid	laying